中國學術思想 研究輯刊

二一編
林慶彰 主編

第22冊

朱謙之的哲學與哲學史研究

趙濤 著

花木蘭文化出版社

國家圖書館出版品預行編目資料

朱謙之的哲學與哲學史研究／趙濤 著 -- 初版 -- 新北市：花木
蘭文化出版社，2015〔民 104〕
目 2+156 面：19×26 公分
（中國學術思想研究輯刊 二一編：第 22 冊）
ISBN 978-986-404-062-9（精裝）
1. 朱謙之 2. 學術思想 3. 現代哲學
030.8   103027163

ISBN-978-986-404-062-9

9 789864 040629

中國學術思想研究輯刊
二一編　第二二冊　　　　　　　ISBN：978-986-404-062-9

朱謙之的哲學與哲學史研究

作　　者　趙　濤
主　　編　林慶彰
總 編 輯　杜潔祥
副總編輯　楊嘉樂
編　　輯　許郁翎
出　　版　花木蘭文化出版社
社　　長　高小娟
聯絡地址　235 新北市中和區中安街七二號十三樓
　　　　　電話：02-2923-1455／傳眞：02-2923-1452
網　　址　http://www.huamulan.tw 信箱 hml 810518@gmail.com
印　　刷　普羅文化出版廣告事業
封面設計　劉開工作室
初　　版　2015 年 3 月
定　　價　二一編 27 冊（精裝）台幣 50,000 元

朱謙之的哲學與哲學史研究

趙　濤　著

作者簡介

趙濤，男，1978 年生，河南三門峽人，先後學習於河南師範大學思想政治教育系、武漢大學哲學學院。2010 年畢業於武漢大學哲學學院中國哲學專業，獲得哲學博士學位，現爲湖北大學馬克思主義學院講師。主要研究中國哲學與傳統文化。主要講授《中國哲學史》課程。

提　要

　　朱謙之（1899～1972）福建福州人，是我國哲學家、哲學史家。他的研究領域很廣泛，涉及哲學、歷史、政治、經濟、文學、宗教、文化、音樂等方面，被稱爲「百科全書式的學者」。在哲學的研究方面，他既有對西方哲學領域黑格爾、孔德、康德等的研究，也有對中國哲學的通史性、個案式、史料學等的研究〔註1〕。張岱年先生曾稱朱謙之是現代著名的哲學史家、哲學家，認爲他對於中國哲學史、東方哲學史有精湛的研究，作出了重要的貢獻，認爲其《中國哲學對歐洲的影響》一書價值尤高。但是，學界對朱謙之的哲學思想、中國哲學史、東方哲學史等的研究還很薄弱，對他在哲學與哲學史方面的貢獻，還沒有進行系統的研究。闡明他對中國哲學思想的創建、中國哲學史研究、日本哲學史研究、中國哲學對歐洲思想的影響等方面的學術貢獻，梳理他從五四時期一直到建國以後各時期的思想變遷與眞實思想面貌，無疑有重要的學術意義。

　　本文從哲學層面整體地考察朱謙之的中國哲學思想的形而上本體論的創建、中國哲學史研究、日本哲學史研究、中國哲學對歐洲的影響研究，彌補了近現代中國哲學發展史研究中對朱謙之學術貢獻的重視不夠之不足。

　　全文共分五個部分。第一章主要全面地考察了朱謙之以哲學史上的思想資源爲基礎的哲學思想的創建——虛無主義思想與唯情哲學思想，指出朱謙之早年思想的軌跡是從提倡虛無主義思想轉變爲唯情哲學思想。這兩個階段的特點是：（1）在方法論上，虛無主義思想是懷疑和否定一切的邏輯理性推理，是「從有到無」的思路；唯情哲學思想是肯定現有世界和信仰非理性的「眞情」，是在「從無到有」思路基礎上的進一步拓展，不再是簡單地「從無到有」生成論意義上的理論推演。（2）在本體論上，虛無主義思想追尋到超越現象界的虛無本體，是體用二分的；唯情哲學思想認爲「眞情之流」充塞宇宙，並貫徹本體和現象界，是體用合一的。（3）在政治理想上，虛無主義思想表現爲一定程度上對無政府主義的肯定；唯情哲學思想表現爲社會大同的理想，不過兩個階段都是以整體的世界主義的眼光來構建一種普遍性理論。（4）在思想資源上，除了西方思想影響外，虛無主義思想以道家老莊思想爲主要依託；唯情哲學思想以儒家思想爲主要底色。朱謙之早年思想從懷疑到信仰，從否定現實到美化、肯定現實，從超越的理想性、絕對性回歸經驗層面的現實性，這種轉變是流行進化說「從有到無」轉變爲「從無到有」的思路運用，不過虛無主義是「體用二分」的，而唯情哲學卻是「體用合一」的，這兩者實際上都是對普遍性本體的形而上追尋和建構。同時 唯情哲學從「眞情」的本體論建立，在近代中國儒學的發展中客觀上發展了儒家的心性論。

　　第二章主要討論了朱謙之的中國哲學史研究成果。第一節、第二節論述了朱謙之對道家老子、莊子的研究成果。道家思想對朱謙之的影響貫穿其學術生命數十年，考察其老莊研究概況對把握其思想主旨無疑是非常重要的一個線索。文章肯定了朱謙之《老子校釋》的重要學術價值，分析了他對老子、莊子哲學研究的特點和價值，指出他的老莊哲學研究與他對自由的思考、追求眞理的思想相關。第三節分析了朱謙之在中國哲學通史上的研究特點，他主要是從「純化」

的角度對中國哲學史在封建時代的發展史做了考察。第四節分析了他對中國哲學史史料學的研究，指出他的研究，實際上是中國哲學史這一領域在現代的開創者之一。

第三章探討了朱謙之對日本哲學史的開創性研究。日本哲學在德川時代吸收了中國哲學的思想從而有了相當大的發展，因此，朱謙之考察中國哲學對日本思想的影響也是非常重要的。本章從中國哲學對日本思想的影響方面進行論述，從總體上概括了朱謙之對日本哲學史研究的概況和特點，指出朱謙之20世紀50年代的研究代表了其對日本哲學史研究的主要成果。他的研究在日本哲學通史和中日哲學比較研究兩個方面比較突出，既對日本的朱子學、日本的古學和日本的陽明學以及整個日本哲學史進行了比較全面的研究，又在日本哲學史的論述中注重中日哲學家的相互影響和思想比較。他偏重於從唯物主義思想的發展歷史來看待日本的哲學史。總體上看，應該給予朱謙之的定位是：他開創了中國的日本哲學史學科。他關於日本哲學史的研究，超越了日本以往的研究，用全新的視野開創了中國的日本哲學史學科。

第四章考察了朱謙之探討中國哲學對歐洲思想的影響概況。中國哲學不僅影響日本，在西方近代也曾給予歐洲思想以一定的影響。朱謙之在國內的這一領域的研究是比較早的，他從哲學層面對中國哲學影響歐洲的具體情況做了考察。他通過對16、17、18世紀中國哲學影響歐洲的系統闡述，拓展了人們關於中國哲學對外影響的視野，也給予我們新的眼光來估量中國哲學的普世價值。從他的研究中我們看到，中國哲學影響歐洲的被動性，以及中西文化接觸促進人類文明發展的重要性，這也提醒我們當前要主動加強文化的輸出，加強與世界其他國家的文化交流，促進人類文明的發展。

結語部分從總體上總結了朱謙之的哲學及哲學史研究的貢獻。我們可以從以下幾個方面把握朱謙之的哲學與哲學史研究：

一、朱謙之的哲學與哲學史研究的貢獻是很大的。我們應該重視他的這些研究成果。他的哲學理論創建是發展中國哲學的有益嘗試。他的《老子校釋》價值很高，老莊哲學的研究也獨具特色。他的《中國哲學史史料學》是現代較早地進行專題性研究的富有特色的著作。他的研究展現了中國哲學對日本和歐洲在特定時期的影響，突出了中國哲學對世界的貢獻以及中國哲學的普世價值。

二、虛無主義和唯情哲學的理論構建是在本體論層次上的哲學創建。唯情哲學在客觀上對儒家心性論作了一定的發展。

三、他從中國哲學對日本影響的角度研究了日本哲學史，實際上是這個學科在近現代中國的開創者。他從唯物史觀的角度對日本哲學史的相關研究及著作，也是中日兩國這一領域研究成果中最重要的著作，至今還鮮有人能超越。他對日本儒學的研究主要是日本朱子學、日本古學與日本陽明學的研究。通過他的研究我們看到，日本德川時期受中國原始儒家思想與宋代儒家思想的影響最大。

四、他關於中國哲學對歐洲的影響研究，實際上也是中國這一領域的開創性研究成果之一。並且，在國內國外學術界，專門從哲學層次論述這一問題的很少，他的著作最有分量。

註1：朱謙之的哲學史研究包括西方哲學史研究和中國哲學史研究，西方哲學史的相關研究主要是關於黑格爾、孔德、康德等的哲學思想研究，限於我的中國哲學史專業，本文對這方面不做研究；中國哲學史研究包括對中國哲學的通史性、個案式、史料學等的研究，以及中國哲學對日本和歐洲的影響方面，從整體上看屬於東方哲學史的研究。但是，由於東方哲學史包含中國哲學、印度哲學、日本哲學、朝鮮哲學、越南哲學、阿拉伯伊斯蘭哲學以及東南亞等國的哲學，同時還涉及各國哲學的相互影響和比較，因為本文的相關研究主要是從朱謙之的中國哲學及其對日本與歐洲思想的影響方面論述，不是從整體的東方哲學史角度來研究，所以，本文的題目中以「朱謙之的哲學史研究」來概括。

引　言

一、問題的提出

朱謙之（1899～1972），字情牽，我國當代哲學家、哲學史家，一生學術研究涉及哲學、歷史、政治、經濟、文學、宗教、文化、音樂等方面，被稱爲「百科全書式的學者」。他一生興趣和思想多變，並多有創新和開拓。

他的虛無主義思想、唯情哲學、中國哲學史研究、日本哲學史研究、中西文化交流史研究、歷史哲學研究、文化哲學研究、現代史學理論等學術研究在近現代中國學術史上都曾經產生過一定的影響，有些方面還是具有學科開創性的。但現在的哲學史著作很少有他的位置，直到現在，他的哲學思想及其對哲學史的研究還沒有得到普遍的重視與系統的梳理，導致我們對他的學術貢獻還不能清晰把握。在哲學的研究方面，他既有對西方哲學領域黑格爾、孔德、康德等的研究，也有中國哲學的通史性、個案式、史料學等的研究。關於他的哲學思想和哲學史研究，學術界也僅有若干篇文章對此做了不詳盡的介紹，還沒有一本專著來論述；僅有的一篇史學史方面的博士論文，對他一生的學術研究進行了比較全面地介紹性梳理，但是對他的哲學史研究和思想內核還沒有深入挖掘。隨著朱謙之著作的不斷整理與發表，尤其是福建教育出版社十卷本《朱謙之文集》的整理出版，對朱謙之的哲學思想和哲學史研究進行系統性、全面性地深入研究已經比較方便。考察他對中國哲學思想的創建，闡明他的中國哲學史研究的價值是十分必要的，從中國哲學對日本思想和歐洲思想的影響的角度，考察他對日本哲學史、中國哲學對歐洲思想的影響等方面的學術研究貢獻，梳理他從五四時期一直到建國以後各時

期的思想變遷與眞實思想面貌，無疑有重要的學術意義。

二、研究現狀

　　王亞南先生較早地稱朱謙之是哲學家、歷史學家、文學家、美術學家、「百科全書家」〔註1〕，並評述了朱謙之的東西文化觀。張岱年先生稱：「朱謙之先生是現代著名的哲學史家、哲學家，著作宏富，對於中國哲學史、東方哲學史有精湛的研究，作出了重要的貢獻，所著《中國哲學對歐洲的影響》價值尤高。」〔註2〕戴康生、黃心川、黃夏年、黎紅雷等學者對朱謙之的生平治學做了介紹、著作目錄做了整理，對其文化哲學、歷史哲學、比較文化研究等方面有介紹性、研究性的文章，這些研究性的介紹提供了重要的信息，富有啓發意義。其他也有很多零星的著作中介紹朱謙之的生平和著作，但都沒有系統地去研究，只是某一個側面的揭示。學術界對朱謙之的哲學史研究及其學術思想研究可以概括爲以下幾個方面：

（一）虛無主義與唯情哲學方面

　　蔣俊、李光芝的《中國近代的無政府主義思潮》〔註3〕專闢一節「『新虛無主義』與無政府主義」論述了朱謙之的「新虛無主義與無政府主義的聯繫，看他怎樣由虛無主義走上了無政府主義」〔註4〕。作者簡單地談了朱謙之的新虛無主義的特點後，得出了幾點看法：第一，它表現了一種失常的小資產階級知識分子的悲觀主義心理。第二，新虛無主義爲無政府主義提供了一個理論基礎。第三，「五四」時期的朱謙之不僅是一個唯心主義者，而且還是一個極端的個人主義者。第四，朱謙之否定一切、破壞一切的虛無主義思想在一定時期、一定範圍、一定程度上有解放思想的積極作用。同時，本書還把朱謙之的「大同共產主義」放在無政府主義國粹化裏來看待，認爲朱謙之把現代的無政府主義披上了古代的服裝。「《大同共產主義》的作者高唱人性互助，主張禮樂治世，呼喚均平世界，禮贊井田制度，一方面把儒家思想無

〔註1〕 王亞南：《社會科學新論》，經濟科學出版社1946年版，第103頁。
〔註2〕 張岱年：《紀念朱謙之誕生100週年》，《世界宗教文化》，2000年第2期。
〔註3〕 蔣俊、李光芝：《中國近代的無政府主義思潮》，山東人民出版社1991年版。
〔註4〕 蔣俊、李光芝：《中國近代的無政府主義思潮》，山東人民出版社1991年版，第229頁。

政府主義化了，另方面又把無政府主義儒家化了。」「朱謙之的《大同共產主義》與戴季陶主義可謂一脈相承，其目的也是爲了用所謂的『民族傳統』與馬克思主義對抗。但是，無政府主義既然降尊爲儒家思想的奴婢，它也就失去了僅存的一點批判舊傳統的作用，而成爲維護舊思想的工具了。」〔註5〕這些看法雖看到了虛無主義的缺陷，但並沒有眞正瞭解朱謙之虛無主義思想與無政府主義的關係，實際上把虛無主義與無政府主義的關係弄反了，也沒有看到虛無主義思想的本體論創建意義。

董德福的《朱謙之生命哲學初探》〔註6〕一文主要探討了生命哲學在20世紀早期傳播中國的過程中，朱謙之的虛無主義和唯情哲學所受西方生命哲學影響的情況。張國義的《朱謙之與西方生命史觀的輸入與改造》〔註7〕一文分析了朱謙之的虛無主義與唯情哲學的思想方法，認爲他的方法主要是柏格森生命哲學與黑格爾辯證法的結合。他還在《近現代東西文化互動中的生命哲學》〔註8〕中認爲在朱謙之虛無主義思想的形成中，生命哲學扮演了思想方法的角色。他認爲朱謙之將柏格森的「創造進化論」改造爲他的「流行進化說」。朱謙之的流行進化說在《革命哲學》一書表現爲虛無主義的流行進化說，在《周易哲學》中表現爲眞情主義的流行進化說。這些對朱謙之思想來源的探討無疑是很有意義的，不過他們忽視了朱謙之方法論的中國傳統因素。西方哲學對朱謙之的影響是外在的，是促使他思考、構建哲學本體論的一大原因，中國傳統哲學儒家和道家的影響則更爲重要。

方用的三篇文章《朱謙之「唯情哲學」批判》、《試論朱謙之〈周易哲學〉中的「情」》、《試論朱謙之唯情哲學的理想人格》〔註9〕集中探討了朱謙之的唯情哲學，認爲朱謙之的唯情哲學試圖以「情」發掘和重建儒家的形而上學，對「情人」的理想人格做了論述，唯情哲學對於理性哲學具有糾偏作用，而且對於全面地理解個體生命，對於哲學的健全發展，都具有一定的啓發作用。方用的探討啓示我們，要重視朱謙之對儒家思想的拓展，重視他從虛無

〔註5〕蔣俊、李光芝：《中國近代的無政府主義思潮》，山東人民出版社1991年版，第327頁。

〔註6〕《福建論壇》文史哲版，1993年第4期。

〔註7〕《東亞學研究》，學林出版社2000年版。

〔註8〕http://www.zisi.net/htm/ztlw2/xfzx/2005-05-10-19439.htm

〔註9〕方用：《朱謙之「唯情哲學」批判》，《華東師範大學學報》(哲學社會科學版)，2003年第4期；《試論朱謙之〈周易哲學〉中的「情」》，《周易研究》2007年第3期；《試論朱謙之唯情哲學的理想人格》，《蘭州學刊》2007年第4期。

主義到唯情哲學的理論創建價值，他在客觀上拓展了傳統儒家的心性論。

（二）歷史哲學、史學理論與文化哲學方面

　　曾德雄的《鑒往知來：略論朱謙之的歷史哲學》〔註10〕一文分析了朱謙之的歷史哲學思想，認爲朱謙之的歷史哲學提倡歷史研究爲現實服務，主張整體性的歷史觀，將歷史學的對象確定爲人類思想的發展過程，但是朱謙之將人類思想與活動分割開的傾向是錯誤的。他還在《朱謙之的仁論與儒學的承續》〔註11〕一文中把朱謙之的本體論放在傳統儒家「仁」的觀念上，認爲朱謙之直承孟子、王陽明，但是其方法已經是全新的，在有意無意間，朱謙之發展了儒學。這種探討雖然只是從朱謙之一個時段的思想進行研究，但無疑是很有啓發性的。

　　洪九來的《略論朱謙之的文化觀》〔註12〕一文在總體上肯定了朱謙之的文化觀，也指出了其缺點。他認爲朱謙之的文化史理論是「多涉取少創建」的，但也是有自己的特色。他認爲其優點有二：一是擺正了中國文化在世界文化關係中的位置；二是對文化的時代性與民族性關係處理得較爲確切，缺點是朱謙之的文化觀帶有調和論色彩，具有空想性、不現實性。這些探討都是極爲細緻的。蘇仲湘的《朱謙之的中西文化觀》〔註13〕主要依據朱謙之的《文化哲學》介紹了朱謙之的文化觀。

　　趙立彬在《西方理論與朱謙之的文化學思想——以〈文化哲學〉爲中心》〔註14〕一文中認爲朱謙之建立的文化學體系是獨特的，被視爲先驅者。他探討了朱謙之的文化學思想的主要內容和理論淵源。

　　許冠三的《新史學九十年》〔註15〕一書中專闢一章，把朱謙之放在史觀學派裏來談，作者主要探討了朱謙之的歷史哲學和史學史。他認爲朱謙之的「歷史哲學」可分爲兩大類：「一論歷史、社會或文化演進的法則和理解歷

〔註10〕《開放時代》，1995 年第 5 期。
〔註11〕《廣東社會科學》，1996 年第 2 期。
〔註12〕《中州學刊》，1995 年第 5 期。
〔註13〕汪澍白主編：《文化衝突中的抉擇——中國近代人物的中西文化觀》，湖南人民出版社 1989 年版，第 480～497 頁。
〔註14〕趙立彬：《西方理論與朱謙之的文化學思想——以〈文化哲學〉爲中心》，《中山大學學報（社會科學版）》，2006 年第 1 期。
〔註15〕許冠三：《新史學九十年》，嶽麓出版社 2003 年版。

史文化變遷所用的準則和方法，即通常所說的史觀；二議史學界說、研究的宗旨和方法以及意義。」〔註16〕作者認爲朱謙之的進化史觀的論旨從 1924 年起，之後的 20 年有三變，最終形成有自己特色的建立在黑格爾主義與孔德主義基礎上的歷史哲學，並形成了自己的文化哲學。作者還梳理了朱謙之的歷史方法論，認爲其「歷史發生論結構，是以孔德社會進化三級論爲體，以黑格爾思維三分辯證法爲用，更輔之以宣勒爾的認識形質三分說。」〔註17〕另外，作者還討論了朱謙之對中國史學史的階段劃分。

　　張書學的《中國現代史學思潮研究》〔註18〕把朱謙之作爲抗戰時期相對主義史學思潮的代表人物之一。他認爲朱謙之的歷史本體論「只注重邏輯推演和『歷史法則』的建構，而缺乏經驗基礎和歷史知識根據，他的歷史認識論也只是撿拾西方的一些學說，強調歷史認識的現代性，既沒有像梁啓超、何炳松對歷史學的認識特點進行論述，更沒有象常乃德那樣對歷史認識的過程給予系統、深入的探究。他的論著給人的印象彷彿只是一些概念的堆積和邏輯推演的遊戲而已，其理論難以讓人理解、相信並接受，是沒有長遠生命力和實際效用的。」〔註19〕

　　黃敏蘭在《學術救國──知識分子歷史觀與中國政治》〔註20〕第七章「知識線進化的生命史觀」中分析了朱謙之早期和晚期對唯物史觀的不同態度，認爲其「生命史觀」注重知識線的進化；分析了其歷史哲學、生命史觀的方法，揭示了朱謙之生命史觀的核心是知識階層推動歷史前進；另外，他還分析了朱謙之從生命史觀向社會史觀與文化史觀的思想發展。

（三）日本哲學史研究方面

　　劉夢義、陶德榮著的《中國當代哲學史稿（1949～1966）》〔註21〕有一節中主要按照朱謙之的《日本哲學史》一書的內容介紹了朱謙之的日本哲學

〔註16〕許冠三：《新史學九十年》，嶽麓出版社 2003 年版，第 313 頁。

〔註17〕許冠三：《新史學九十年》，嶽麓出版社 2003 年版，第 324 頁。

〔註18〕張書學：《中國現代史學思潮研究》，湖南教育出版社 1998 年版。

〔註19〕張書學：《中國現代史學思潮研究》，湖南教育出版社 1998 年版，第 316 頁。

〔註20〕黃敏蘭：《學術救國──知識分子歷史觀與中國政治》，河南人民出版社 1995 年版。

〔註21〕劉夢義、陶德榮：《中國當代哲學史稿（1949～1966）》，四川人民出版社 1987 年版。

史研究。任俊明、陶德榮著的《中國當代哲學史》〔註22〕也肯定朱謙之在日本哲學史研究上的貢獻。卞崇道的《現代日本哲學與文化》〔註23〕中對朱謙之的日本哲學史研究的特點進行了三點概括：以唯物主義觀點研究日本哲學史；以史料爲基礎的實證特色；注重研究中日哲學的相互影響。張國義的《朱謙之的日本哲學史研究》〔註24〕一文從三個方面總結了朱謙之日本哲學史研究的成就和特點：一是中國研究日本哲學史的開山；二是日本哲學史研究的新視角：中國對日本的影響；三是重視史料的治史傾向。張國義的博士論文《朱謙之學術研究》論述了朱謙之日本哲學史研究的如下特點：一是以唯物史觀全面系統研究了日本哲學史，是國內第一部日本哲學通史性著作。他認爲朱謙之特別注意唯物主義在日本的發展史，並從社會結構、階級關係的變動中來研究。二是朱謙之特別注意朱子學派中的思想特點和師承傳授及在思想形成中所受師友的影響，按師承學緣系統地梳理古學派。三是朱謙之是從日本哲學史研究的新視角 —— 中國對日本的影響及中日比較進行的。四是朱謙之注重日本哲學史料的整理，搜尋原始史料。這些都一定程度上把握了朱謙之的研究特色，不過，我們還需要對朱謙之從中國哲學對日本影響的角度做細緻的分析，以瞭解朱謙之的具體學術貢獻。

（四）綜合性的研究

黎紅雷在《朱謙之文集》〔註25〕的「前言」中，詳細地介紹了朱謙之的生平著作，以及朱謙之在中山大學任教期間的重要學術成績，如歷史哲學、文化哲學、中國思想對歐洲文化的影響方面，富有啓發。董德福在《朱謙之的「唯情哲學」》〔註26〕中也以「唯情哲學」爲主線簡單介紹了朱謙之的無政府主義、唯情論的人生觀、文化哲學和歷史哲學。

袁偉時在《中國現代哲學史稿》（上卷）〔註27〕中專門有一節介紹朱謙之的哲學思想。他把朱謙之作爲無政府主義的一個代表人物來研究。他從虛無主義、唯情哲學、虛無主義的進化學說、認識論（作者認爲朱謙之的認識論

〔註22〕任俊明、陶德榮：《中國當代哲學史》，社科文獻出版社1999年版。
〔註23〕卞崇道：《現代日本哲學與文化》，吉林人民出版社1996年版。
〔註24〕盛邦和、井上聰主編：《新亞洲文明與現代化》，學林出版社2003年版。
〔註25〕朱謙之：《朱謙之文集》，黎紅雷編，中山大學出版社2004年版。
〔註26〕《生命哲學在中國》，廣東人民出版社2001年版，第105～121頁。
〔註27〕袁偉時：《中國現代哲學史稿》（上卷），中山大學出版社1987年版。

是柏格森的直覺主義和宋明理學的混合物）、唯我史觀等方面進行了分析。作者認爲「朱謙之在這個時期的思想代表著體現在無政府主義者身上的極端片面性。他的許多基本觀點都不過是無政府主義者通常所持觀點的徹底化而已」〔註 28〕。這些見解無疑是恰當的，不過我們也應該看到朱謙之虛無主義的哲學理論創建的努力。

　　張國義的博士論文《朱謙之學術研究》〔註 29〕以史學史的方法研究朱謙之，力圖以史家的筆法展現朱謙之的人生學術畫像，從虛無主義、唯情哲學、音樂文學、歷史哲學、文化史觀和文化建設論、中國哲學史、日本哲學史和中國景教等方面第一次對朱謙之的學術思想給予了全面系統的研究，對朱謙之思想中的哲學思想也有一定的論述，評價比較合理。但是，作者限於史學的範圍，對於朱謙之的哲學思想只是介紹性的梳理，很多方面都沒有深入地研究，正如作者所說：「因朱謙之是一位『百科全書家』，研究領域太廣，而以筆者學力對他在有些領域如音樂文學、宗教、中國古代哲學史等不敢妄加評論，只是將其成果系統介紹出來。」〔註 30〕可見，對朱謙之哲學思想的研究還有待於深入細緻地挖掘。張國義以博士論文爲基礎，出版了《一個虛無主義者的再生：五四奇人朱謙之評傳》〔註 31〕。

　　羅檢秋在《朱謙之與道家》〔註 32〕一文中主要探討了道家思想在朱謙之學術研究中的重要性，作者從當時代的背景著手，認爲朱謙之的思想適應五四新文化的潮流，在當時有積極的意義。作者指出：朱謙之學術上、思想上均與道家密不可分；肯定了《老子校釋》的學術價值；他的思想獨具特色，並非無政府主義所能概括；他的「無元哲學」和以絕對自由與平等爲核心的社會政治思想也受道家的影響。作者這些看法可以說把握了朱謙之的思想根源，不過，作者主要指出了道家對朱謙之學術、思想的影響，並沒有很詳細地介紹朱謙之在道家研究上的情況。

〔註 28〕袁偉時：《中國現代哲學史稿》（上卷），中山大學出版社 1987 年版，第 466頁。

〔註 29〕張國義：《朱謙之學術研究》，華東師範大學 2004 年度博士學位論文。

〔註 30〕張國義：《朱謙之學術研究》，華東師範大學 2004 年度博士學位論文，第 14頁。

〔註 31〕張國義：《一個虛無主義者的再生：五四奇人朱謙之評傳》，中國文聯出版社 2008 年 3 月版。

〔註 32〕羅檢秋：《朱謙之與道家》，陳鼓應主編：《道家文化研究》第二十輯，三聯書店 2003 年 9 月版。

從以上研究成果的介紹中可以看出，學術界對朱謙之的哲學史研究及其學術思想的研究主要是在他的唯情哲學、生命哲學、歷史哲學、文化哲學、史學理論、日本哲學史等方面，有些研究成果也在某一個方面把握了朱謙之的學術貢獻，但這些都有待於進一步地從其哲學思想上梳理清楚，才能使我們對其學術貢獻有一個清晰的認識。學術界對他的中國哲學思想的創建、中國哲學史的研究、日本哲學史的研究、中國哲學對歐洲思想的影響研究等方面還需要做進一步的系統性梳理，把他的貢獻放在哲學史上來看其研究的得失，是我們把握他的研究價值的重要方面，但是至今還沒有人來做。

三、研究目的和方法

本文的研究，將集中探討朱謙之對中國哲學思想的創建、中國哲學史研究、日本哲學史研究、中國哲學對歐洲思想的影響四個方面，來把握他的學術貢獻。

大致說來，朱謙之的哲學與哲學史研究可以分爲早期和後期兩個階段：

他早期的哲學研究是爲追求自由和眞理的思想探尋，是爲了自己哲學理論上的創建服務的。他主要以道家與儒家的傳統哲學思想資源爲基礎，結合西學思想與其對時代特點的思考，逐漸形成了獨具特色的虛無主義和唯情哲學，並實際上對儒家心性論作了一定的發展。

他後期的學術研究主要是哲學史研究，一方面是對中國哲學史的研究，主要是中國哲學史通史、史料學、老莊道家的研究，在當時的老、莊學的研究中提出了自己的獨特看法，在方法論上也提出了分派研究法，現在看來，在很多方面都還是有創見的；另一方面，他對日本哲學史與中國哲學對歐洲思想的影響方面的研究，在中國具有重要的開拓性。在中國對日本哲學史的研究領域，他的研究是開創性的；在中國哲學對歐洲 18 世紀的思想影響方面，他的研究也是早期比較系統地做這方面工作的成果之一。

本文的研究方法，一是歷史與邏輯相統一的方法，以史料爲基礎，通過對朱謙之原著文本的細緻閱讀和分析，找出他思想變遷的軌跡；二是比較方法，通過研究，比較近代以來的相關學科的發展概況，分析朱謙之的研究成果，以使我們更加清楚地把握朱謙之的學術貢獻，並且希望在某些方面把握他的研究得失，也爲我們當前的學術研究提供一定的啓示、借鑒及教訓。

第一章　哲學思想的創建

　　經過「五四」啓蒙運動的洗禮，西方的自由平等民主等價值觀念成爲重要的時代思潮，許多新文化人不同於 20 世紀初前 20 年的西方思想引進與啓蒙，更注重對普遍性的知識與眞理的追尋，注重從價值論層面上建立普遍性的形而上本體論。朱謙之在五四時期提倡極端的虛無主義思想，並產生了一定的影響，這也決不是簡單地因爲他對無政府主義的進一步推進和徹底化的結果，而是當時學術界更深層地追尋民族文化新理論建立的普遍心理訴求的反映。他的虛無主義和唯情哲學都是爲追求自由和眞理而進行的普遍性理論建構，這也反映了當時的學術思潮特點。並且，他是自覺地從本體論的層面把自由與眞理作爲思考的對象。朱謙之的虛無主義和唯情哲學這兩種思想，表現在建構本體論的哲學理論上也有較大的不同。受時代影響，這個時期他對中國傳統哲學上的學術探討也是爲自己哲學理論的構建服務的。他的思想資源除了受西學的影響外，道家老莊、佛教禪宗與儒家思想對其虛無主義的虛無本體和眞情哲學的「眞情之流」本體的終極說明奠定了最深厚的思想基礎。隨著西方進化論日益深入人心和得到共識，朱謙之從無政府主義到虛無主義的思路也有對進化論思維的運用，但又不是通常的社會歷史觀上的進化論，而是從宇宙觀、本體論上運用進化論的思路。進化論已經深入朱謙之的思想意識中，他在對進化的方向上試圖與對普遍性、絕對性的眞理觀相聯結，而造成了對傳統文化創造性闡釋後轉化而來的虛無主義；對虛無本體的否定性思路運用到極限之後，他又在前期虛無主義流行進化說的「從無到有」的思路中，參照儒家思想並對儒學的「情」和「仁」等核心概念的重新闡釋，發展出了唯情哲學。

　　需要指出的是，朱謙之早年這種普遍性的理論建構的一個重要動因，正是當時西方學術大量地引進和傳播的影響結果。朱謙之從虛無主義到唯情哲學的逐漸精細化的理論建立，從虛無主義否認現實到唯情哲學信仰一切的改變，實際上是一種逐漸參照、模仿西方文明發展出來的那種獨斷論〔註1〕式的真理觀的思想痕跡，他的理論也是以進化論、自由、平等、進步等時代觀念來架構一種世界觀，並且作為絕對真理來信仰。同時，我們也看到，朱謙之在建構理論的過程中也有如反對科學萬能論這樣的批判性地反思，但是由於他的思考一方面只是一種普遍性的理論批判，另一方面是從他認為的革命立場來思考問題的，這就使他的理論反思顯得有些不合時宜，只有當他的理論中糅合了中國傳統的儒家、道家思想的時候，才使他的理論帶著更多的發展民族文化的特色。他以「真情之流」這一非理性本體論的建立，做到了既反抗與發展中國傳統文化，又對抗西方文化，而達到了一種全新的普遍性理論的建立。但是，正是唯情哲學的建立，使他的獨斷論式的思想創建走向了盡頭。正如他自己晚年站在馬克思主義的立場，對自己虛無主義和唯情哲學的自我批判那樣，虛無主義思想是由於自己對現實的強烈不滿和失望，想把現實徹底推翻；而在虛無主義走到盡頭以後，現實無法改變，不得不改變主觀來適應客觀世界，轉而盲目地信仰現實和設計未來的帶著空想性的、理想性的藝術社會，這就表現為對現實社會進行政治幻想而找不到出路。

　　朱謙之早年思想的軌跡是從提倡虛無主義思想轉變為唯情哲學思想，這兩個階段的特點是：在方法論上，前者是懷疑和否定一切的邏輯理性推理，是「從有到無」的思路，後者是肯定現有和信仰非理性的「真情」，是在「從無到有」思路基礎上的進一步拓展，不再是簡單地「從無到有」生成論意義上的；在本體論上，前者追尋到超越現象界的虛無本體，是體用二分的，後者認為「真情之流」充塞宇宙，並貫徹本體和現象界，是體用合一的；在政治理想上，前者表現為一定程度上對無政府主義的肯定，後者表現為社會大同的理想，不過兩個階段都是以整體的世界主義的眼光來構建普遍性理論；

〔註 1〕獨斷論：一般認為是西方哲學史上那些在自己的研究中得出肯定性結論的哲學。這種思維相信人通過反思是可以認識真理的。黑格爾對這種思維進行了批判，黑格爾認為這種思考的結果是依靠信仰來完成的。獨斷論者一般相信人可以認識世界，人的感覺是可靠的，人能夠用語言準確地表達和交流。而中國傳統思維中如道家、禪宗對最高的真理——「道」的把握，一般並不是訴諸感性和語言。

在思想資源上，除了西方思想影響外，前者以道家老莊思想爲主要依託，後者以儒家思想爲主要底色。朱謙之早年思想從懷疑到信仰，從否定現實到美化、肯定現實，從超越的理想性、絕對性回歸經驗層面的現實性，這種轉變是流行進化說「從有到無」轉變爲「從無到有」的思路運用，不過虛無主義是「體用二分」的，而唯情哲學卻是「體用合一」的，這兩者實際上都是對普遍性本體的形而上追尋和建構。

第一節　本體與現象的二分：懷疑與虛無主義

朱謙之的虛無主義思想，主要是從 1920 年到 1921 年上半年的期間，他當時的一些文章和著作，如 1920 年的《虛無主義與老子》、《現代思潮批評》，1921 年的《革命哲學》等，都反映了其虛無主義的思想。關於朱謙之的虛無主義，學術界對其提及論述的不少，但全面論述和能夠認識到他從「體用二分」的本體論上建構理論的研究基本上沒有，相關論述主要有：蔣俊、李光芝的《中國近代的無政府主義思潮》〔註 2〕專闢一節「『新虛無主義』與無政府主義」論述了朱謙之的「新虛無主義與無政府主義的聯繫，看他怎樣由虛無主義走上了無政府主義」〔註 3〕。該文作者簡單地談了朱謙之新虛無主義的特點後，得出了幾點看法：第一，它表現了一種失常的小資產階級知識分子的悲觀主義心理。第二，新虛無主義爲無政府主義提供了一個理論基礎。第三，「五四」時期的朱謙之不僅是一個唯心主義者，而且還是一個極端的個人主義者。第四，朱謙之否定一切、破壞一切的虛無主義思想在一定時期、一定範圍、一定程度上有解放思想的積極作用。這幾點看法無疑是很有啓發性的。不過，這些看法雖看到了虛無主義的缺陷，但並沒有眞正瞭解朱謙之虛無主義思想與無政府主義的關係，實際上把虛無主義與無政府主義的關係弄反了，也沒有看到虛無主義思想的本體論創建意義。

本文這裡將在總結朱謙之虛無主義理論的主要內容、論述其方法和意義的基礎上，闡明已往研究者沒有注意到的如下幾點：1、虛無主義的理論思考是在西學影響下，本著追求眞理的精神而做的普遍性理論建構；2、更重要的是朱謙之這個時期的虛無主義本體論建構是從現象界外追尋一種二分的、超

〔註 2〕蔣俊、李光芝：《中國近代的無政府主義思潮》，山東人民出版社 1991 年版。
〔註 3〕蔣俊、李光芝：《中國近代的無政府主義思潮》，山東人民出版社 1991 年版，第 229 頁。

越的本體思路，其思路是「從有到無」的流行進化學說觀點的運用；3、他對無政府主義思想從理論上進一步徹底化，運用懷疑和否定法，建構形而上的虛無本體；4、這種虛無本體論的建立糅合了西方思想，是對近代中國哲學發展的有益嘗試，但當把這種虛無本體作為現實社會的依歸時，由於它與現實的脫離和空想而走向困境。

一、虛無主義的思想來源

　　朱謙之以老子重視「無」的本體論思路為基礎，比較了他當時代的各種思潮，在《現代思潮批評》（1920 年 1 月）中提出了虛無主義的思想資源：「我的虛無主義，便是唯心的虛無主義，於近世取黑格爾（Hegel）的絕對唯心論辯證法和蕭（叔）本華的厭世主義，於現代取柏格森的直覺主義，Steward 的唯力論，頡德（Kidd）的進化論和克魯泡特金的無治主義。」〔註4〕這是朱謙之聲明的自己虛無主義的思想資源，但是這些新名詞和西方哲學資源，都被他放在中國哲學中來重新理解並進行理論的構建。

　　其一，不可否認的事實是，朱謙之虛無主義思想的形成受到當時思想界氛圍的影響，主要是西方哲學思想的大量引進以及無政府主義思想的傳播。朱謙之在《世界觀的轉變——七十自述》中引述陳獨秀的話說：「中國的思想界，可以說是世界虛無主義的集中地；因為印度只有佛教的空觀，沒有中國老子的無為思想和俄國的虛無主義；歐洲雖有俄國的虛無主義和德國的形而上學的哲學，佛教的空觀和老子學說卻不甚發達，在中國這四種都完全了，而且在青年思想界，有日漸發達的趨勢。」朱謙之說這正是自己那時候的思想背景。一方面受同時代學人胡適、章太炎等人的影響，朱謙之在解讀古典哲學的過程中，主要借鑒了道家老子和佛教空觀的影響，比如有學者指出，胡適「關於老子『無名』、『虛無主義』的看法直接成為朱謙之等人的思想淵源」〔註5〕；朱謙之也在《現代思潮批評》中論述虛無主義反對現實的文化文明、主張「無名」時，就提到參看胡適之的《中國哲學史》。〔註6〕另一方面受到當時引進的西方學說思想的影響，在《現代思潮批評》中朱謙之曾引述

〔註4〕 朱謙之：《現代思潮批評》，新中國雜誌社 1920 年 1 月版，第 140 頁。
〔註5〕 羅檢秋：《近代諸子學與文化思潮》，中國社會科學出版社 1998 年版，第 189 頁。
〔註6〕 朱謙之：《現代思潮批評》，新中國雜誌社 1920 年出版，第 146 頁。

如蘇格拉底、叔本華等諸多西方哲人思想，以其爲依據論述人生的罪惡和人性的淫殺等觀點。〔註7〕

其二，傳統哲學《老子》「貴無」思想成爲朱謙之虛無主義最有力的思想資源。從作於 1917 年到 1919 年的《政微書》、《太極新圖說》與《周秦諸子學統述》中可以看到他對《老子》「貴無」思想的推崇。《政微書》闡述「貴無賤有」，《太極新圖說》以《老子》「天下萬物生於有，有生於無」爲基礎來討論無和有的問題，闡述道之本無、政之本無、從無而有的思想，《周秦諸子學統述》中更是認爲諸子學術淵源乃至數千年學術皆是源自老子。《太極新圖說》曾提出了他自己的宇宙本體論：「自無而有心，心者太極也，心之出而有電，電有陰陽，陰陽相對，動靜在其中矣；一動一靜，而生火水土金；合火水土金，變而成人，化而成男女；人復相賊，以相賊鼓，浸成淘汰，化爲無量萬物，蓋宇宙發生之現象如此。」〔註8〕這裡傳統陰陽五行思想資源和五四時代的科學知識相互混雜，但是基本思路是從無到有的宇宙生成論。他在《回憶》中也說「這些書實是宣傳虛無主義的起點」〔註9〕。在《虛無主義與老子》和《現代思潮批評》二書中他的基本的方法論都是採自《老子》。

其三，佛教空觀思想也對朱謙之的虛無主義有一定的影響。朱謙之的虛無主義的目的「虛空粉碎，大地平沉」就是《高峰語錄》〔註10〕裏來的。《高峰語錄》裏講「無生無滅，無去無來，無增無減，無老無少」，懷疑、否定現實。佛教思想也使他走向唯心的唯我主義，他把唯我主義和虛無主義混雜在一起，進而用唯我主義宣佈人類的罪狀，向宇宙宣戰。這些都是他形成虛無主義思想的思想前提。

二、虛無主義的方法論

（一）「形而上名學」的方法論

朱謙之認爲虛無主義的方法論是老子的形而上名學，他歸納爲辯證法和

〔註7〕 朱謙之：《現代思潮批評》，新中國雜誌社 1920 年出版，第 126～128 頁。
〔註8〕 朱謙之：《朱謙之文集》第三卷，福建教育出版社 2002 年版，第 3 頁。
〔註9〕 朱謙之：《回憶》，《朱謙之文集》第一卷，福建教育出版社 2002 年版，第 45 頁。
〔註10〕 高峰原妙（1238～1295），號高峰，爲南宋至元的臨濟宗師雪巖祖欽（1217 年前後～1287）之法嗣，有《高峰妙禪師語錄》一卷、《高峰和尚禪要》一卷行世。

直覺法，以及「無知」、「無名」。他主張否定一切，懷疑一切，破壞一切；用直覺認識現象界外的實體；主張「連環打破」，取消矛盾對待而「徹底解決」。這一方法在 1920 年的《虛無主義與老子》〔註11〕一文、《現代思潮批評》〔註12〕一書和1921 年的《革命哲學》〔註13〕一書中都有論述。《虛無主義與老子》中最早提了出來。

他一面從老子借來形而上名學的方法，一面又把黑格爾的辯證法和柏格森的直覺法結合起來印證這一方法。而實際上，他的辯證法思想主要是從老子的美醜、善惡、有無、難易等對待概念的論述中來的，但又不完全是我們現在理解的關於聯繫與發展的辯證法。他認為辯證法把握宇宙運動、進化的法則，教人把事物正反對待的概念根本取消；直覺法親證本體、達到絕對的境界。兩者都是以心的經驗為根據，直覺法是「生命底全體的經驗」，辯證法是「用歷史的態度」。可見，他把老子、黑格爾和柏格森的思想糅雜在一起，他承認辯證法中的矛盾對立，但是又主張看待這種對立時應該取消它，從而用一種直覺的體驗去把握，達到絕對的境界。這實際上是機械地理解了「絕對」，並且在現實中採取對實際矛盾地迴避，而只要求「心」的證悟，這是從道家思想而來的境界式的方法論。

（二）虛無主義方法論的具體辨析

具體來說，他的虛無主義方法論可從以下幾個方面來看：

第一，「哲學」的方法與「革命」的目的。

朱謙之注重在方法論上奠定理論的基礎，並且注重建立哲學的方法，反對「五四」新文化運動把科學方法當作萬能的方法。這不是他故意追求標新立異，而是基於他對時代主題 —— 革命 —— 的深入思考基礎上的方法論。這種方法論是以建立一種哲學理論為革命找尋理論依據。但是，我們看到，他的革命主要是強調懷疑、破壞，追求絕對自由。以這種革命為目的所建構的哲學理論也必然是從邏輯上走上否定現實性的虛無主義。

他以革命為目的，提倡哲學方法，認為哲學方法才是革命時代的邏輯，哲學是革命的理論依據。他所說的哲學，是提倡情意的非理性哲學。對理性

〔註11〕 朱謙之：《虛無主義與老子》，載《新中國》1920 年 2 卷 1 期。

〔註12〕 朱謙之：《現代思潮批評》，新中國雜誌社 1920 年出版。

〔註13〕 朱謙之：《革命哲學》，1921 年初版，為泰東圖書局「創造社叢書」第二種，現在據 1927 年第四版收入《朱謙之文集》第一卷，福建教育出版社 2002 年版。

哲學，他認為與革命不相容。因此，他贊同柏格森的生命哲學而反對杜威的實用主義。他認為哲學的方法是根本解決不公平、不幸福的革命方法，而科學的方法只適合研究社會制度，夠不上革命的程度。科學是現實的、建設的，革命是理想的、破壞的；科學以假定為前提，是保守的，革命卻是追求絕對自由的；科學是向空間性的改良，哲學是時間性的根本革命；科學以理性來衡量一切、控制一切，革命以非理性的感情來要求進步和革命。

他認為形而上名學的方法是虛無主義區別於其他理論的根本，因為有了這種方法，才有虛無主義的學理和革命思想。老子的形而上名學在中國古代就引起反對綱常名教的極端革命思想，如阮籍的無禮主義，鮑敬言的無君主義。形而上名學的特點是：「極端的，破壞的，革命的，理想的一種旗幟，所以到一個地方，就惹許多的恐怖黨，革命軍。」〔註14〕他認為黑格爾的方法也是形而上名學，與老子的方法「同多異少」，有了這種玄學方法，才能引起俄國的革命，才能打破種種偶像，掃除種種迷想。虛無主義反對現存的社會制度，因為不滿意而懷疑進而去破壞，「我所講的虛無主義的思想論，也只是懷疑和破壞。」〔註15〕「虛無主義是反對一切，否定一切的學說。⋯⋯由著否定的方法，批評一切，打破了種種偶像，掃除了種種迷想。虛無主義的方法，可說是全從『否定』出來的。」〔註16〕懷疑是從存在出發，他所懷疑的是最根本的存在，從批評現實的不合理性入手，進而推翻現實。從懷疑出發，引到實際必然是破壞。他說：「革命主義除破壞外，沒有什麼；革命的方法，就是施展這一切破壞手段。」「我們的行動，不必枉費心力來組織將來的社會；我們的方法，就是向前破壞。」〔註17〕並且這種破壞是對社會組織的破壞，根本消滅而不是改革和變換。

可見，朱謙之注重思想理論的根本方法論探討，提倡哲學方法而不贊成科學方法，是基於對當時的社會問題的思考。他以革命為目的，提倡懷疑和破壞，反對社會組織，認為組織是現實的不合理方面，追求絕對自由，這種思路反映了他思想方法的機械性、單向性，從而在理論上走向極端，發展出了絕對「否定性」的虛無主義思想。

〔註14〕朱謙之：《虛無主義與老子》，載《新中國》1920年2卷1期，第95頁。
〔註15〕朱謙之：《現代思潮批評》，新中國雜誌社1920年出版，第143頁。
〔註16〕朱謙之：《現代思潮批評》，新中國雜誌社1920年出版，第143頁。
〔註17〕朱謙之：《現代思潮批評》，新中國雜誌社1920年出版，第143～144頁。

第二，辯證法的來源。

朱謙之主要從道家老子思想那裡形成了辯證法。他認為老子的形而上名學出於《周易》的兩個根本觀念，即「動」和「化」，也就是相反相成，這兩個概念相當於我們今天講的矛盾的鬥爭性和同一性，他的解釋是：「動」是兩種對待的原力的運動，依照一定的自然次序，趨向相反的方向運動；而「化」就是相反的對待雙方還是相成的意思，「總之截然相反的對待，是沒有的，在對待中的兩種原力，有互藏交錯的性質，周流往復的情狀。」〔註18〕他說《周易》的這一形而上名學被老子繼承，進而形成老子的辯證法和虛無哲學。他說自己取黑格爾的辯證法，但又不同意黑格爾的正反合的思路，認為應該是「連環打破」，即正和反都打破，善的、美的、賢的正是惡的、醜的、不肖的根源，「而根本的解決，就是把這些對待的事物，不但將惡的醜的不肖廢丟，而且連帶將善的美的賢的，也歸於一盡。」〔註19〕這是從老子的對待觀念中啟發而得到的否認矛盾對待的思路，類似於莊子的「以道觀之」的思想思路。

第三，「直覺」的認識方法。

朱謙之主張「無知」和「直覺」法，否認感官可以認識本質，感官只能認識「推知」，即經驗所得到的知識，而要認識實相本質的「元知」，需要在科學和邏輯方法以外尋找，他認為應該要以老子「無知」的方法，依靠「直覺」去直接證會宇宙的元始和究竟。虛無主義超越一般的知識，認為「無上的知識便是能夠認得一切皆空的實體」〔註20〕。這個實體是現象界以外的，認識實體的方法只能是直覺。他論述科學方法的不可靠，是借用西方笛卡兒以來的唯理論思路：感官具有不確定性，依靠感覺所得到的只是事物的幻相，並不是真正的知識；並且歸納得到的知識不能窮盡所有，還是有假設條件。這是對經驗主義哲學的否棄。對於尋求絕對無比的知識，只能用直覺。這種否認感官可以認識本質，而採取直覺的認識方法，是來源於柏格森的直覺主義〔註21〕與老子的直覺境界方法論。

〔註18〕 朱謙之：《虛無主義與老子》，載《新中國》1920年2卷1期，第97頁。

〔註19〕 朱謙之：《現代思潮批評》，新中國雜誌社1920年出版，第149頁。

〔註20〕 朱謙之：《現代思潮批評》，新中國雜誌社1920年出版，第146頁。

〔註21〕 亨利‧柏格森（Henri Bergson，1859～1941）法國哲學家。柏格森倡導的生命哲學，對現代科學主義文化思潮進行否定。他提倡直覺，貶低理性，認為科學和理性只能把握相對的運動和實在的表皮，不能把握絕對的運動和實在

第四，「無名」、「廢名」。

朱謙之的形而上名學基於道家思想主張「無名」、「廢名」。他以「無」爲眞理，認爲代表某一類共性的「名」必然是虛僞不眞的，「名」由「無」發展而來，也必然要發展到「無」，這樣才能達到社會的平等。

首先，他認爲名實應該相分，名不能指稱實，即抽象名詞不能代表具體事物，循名不能責實。他把名看作虛僞不眞、萬惡的根源，而現實世界的知識是罪惡的根源，進而反對現實的文明文化：「因『名』的作用，一方面是包括這個那個而成全稱的共相；一方面是分別這個那個使彼此『盡然有分』，換句話說，因有了抽象的『名』，一面使『具體』的事物，去做他們的犧牲；一面又建設出許多差別，以喚起不平等。」〔註22〕可見，這是一種機械理解共性和個性的關係，否認共性的主張。但是，他否認共性並不是要肯定個性，而是希望對共性的否定中超越共性，達到對本質「無」的把握。他繼承老子的思路，認爲區分的「名」不如眞實的普遍的「無」，眞理不在「名」而在「無」。眞實的「無」是自然的，虛僞的「名」是人爲的。這實際上是認爲，概念所揭示的共性的內涵不能表現個別事物的本質，進而主張不要概念，希望從這種否定中得到本質。

其次，他還認爲名是差別的、相對的、有限的，而「無」是普遍的、無限的、絕對的，只有「無」才能離去差別而不會成爲不平等的「因」。他認爲名不能涵蓋一切絕對，「『正名』的效果，只能阻抑具體事物的伸張，把一個空洞的名字，似『家庭』『社會』『國家』的種種組織，『三綱五常』『孝悌忠信』的爛索子，就可以將個體的特別的一類學物，又管住了。」〔註23〕他以老子反對孔子的正名，認爲孔子不過是「正名分」、「辨上下」、「寓褒貶」而已。這裡反映了他對絕對性和相對性關係的機械理解，希望通過否棄相對追求絕對。

再次，他並沒有完全否定名的作用，認爲名在一定階段上是萬物存在的表徵，是人逐漸造出來代表宇宙的抽象名詞。但是，「名」是自無而有的，「名」的發展方向是「無」。這實際上也一定程度上承認了「名」在一定階

本身，只有通過直覺才能體驗和把握到生命存在的「綿延」，那唯一眞正本體性的存在。

〔註22〕朱謙之：《虛無主義與老子》，載《新中國》1920年2卷2期，第62～63頁。
〔註23〕朱謙之：《虛無主義與老子》，載《新中國》1920年2卷2期，第65頁。

段上是人類把握世界的一種方式，名是對世界的表徵，但是，名的表徵性只是暫時的，從根本上是不能達到對絕對的認識的。

從上可見，朱謙之的形而上名學的哲學方法論，是以革命、自由、平等、進步等時代理念爲依歸，但是，他使用這些詞彙的含義完全不是我們通常理解的那樣。而是放在對現實組織、人類文明否定的這種根本上論述的虛無主義思想。

同時，他反對科學是從科學與哲學二者對革命的作用方面論述的。他並不是完全否定科學的方法和作用，而只是認爲科學方法不適合革命的時代。比如他說：「無論哲學或科學的方法，其本身都是對的，但我們拿方法來應用的人，總應該知道那種方法，在那時候適用，那時候用不著，要是不懂得這種分別，而胡亂的把一種方法看作萬能，要他『浮之四海而皆準』，這自然是用方法的不對，和方法的本身何涉？」〔註 24〕他反對科學萬能的觀點與幾乎同時的梁啓超在《歐遊心影錄》中的看法是一樣的，沒有否認科學的作用，不過朱謙之卻是從科學和哲學對革命的不同作用的角度論述的，並且是反對科學的萬能論的，甚至帶著極端性地認爲科學不適合革命的時代。朱謙之關於科學的看法與兩年後科玄論戰中張君勱從維護中國文化的立場批評科學的角度也有所不同。朱謙之對待科學的態度實際上是從他認爲的當時中國社會的實際革命去考慮的，雖然他否定的是科學萬能論，並沒有否定科學的作用，實際上，這種否定，無疑並不利於科學還沒有昌明的當時中國。這也使我們看到，中國在近代引進西方科學理性觀念的啓蒙時代，就同時有朱謙之、梁啓超等學者對這些觀念做了一定程度上的反思。

另外，虛無主義的辯證法、直覺法、「無知」、「無名」都是有著革命的目的，因而提倡這些方法的哲學也是反對理性和知識，提倡直覺方法，走向非理性哲學。他把老子的方法結合時代給予了新的理解，變成了自己虛無主義的方法論。現在看來，區分哲學方法和科學方法的領域，反對科學萬能論甚至還有著非常合理的現代闡釋學方法論視域，但是，我們也應該看到當時科學精神和科學方法的引進還非常不足，提倡革命並不是一定要完全反對科學，認爲科學不適合革命時代，這也是朱謙之思想上反對「名」所表徵的共

〔註 24〕 朱謙之：《革命哲學》，《朱謙之文集》第一卷，福建教育出版社 2002 年版，第 333 頁。

性與人類文明，主張「無」的表現。

三、「體用二分」的虛無主義

（一）「體用二分」的真理觀

朱謙之虛無主義的真理觀是追求絕對不變的真理，認為真理以「不易為體」，以「變易為用」。他批評實際主義把真理當作工具的觀點，認為應該看到變化中有不變的真理，而追求「非世間的、非經驗的、不可思議」的「體」之真理，這是一種與經驗世界二分的本體論真理觀。他說：「吾所不滿於實際主義之真理論者，第一不分別變易與不易；第二，以『變易』為真理，而不知有『不易』者在。」〔註 25〕可見，他認為真理是絕對的，超越「變易」的現象界的，所以，人們認識真理不能通過對現實的追尋得到，不能用求知識的方法來發現，只能靠直覺的方法去體認那個不可思議的真理了。

（二）虛無主義的基本內容

他以這樣的真理觀出發，形成了虛無主義的基本觀點：

第一，以「無」為本，以「無」生「心」的宇宙生成論。

虛無主義的本體論是一種宇宙生成論式的本體論，把超越現象界的「無」作為最根本的本源和一切現象的根據，這個「無」就是老子的「道」：「虛無主義的本體觀，就是無元的，就是『無心』『無物』『無神』的『無』，把『心』『物』『神』三體，看作虛無罷了。這個『無』，超出種種言說相，差別相，自然是不可思議的；但我為便利起見，強名它是『無』。『無』就是宇宙間一切現象的本源，而且是宇宙一切現象的究竟。」〔註26〕這個「無」，是超越主觀思維與客觀存在的，是宇宙的起源和萬物的根源。

他又說：「宇宙的起源，不過從『本體』而恍兮忽兮的出來罷了。本體是『惟恍惟忽』的無，由著本體而有現象，那便是自無而有了。」〔註27〕這種論述，與道家老子的「道」沒有什麼差別了。

可見，他以老子的思路為基礎，進而把本體與現象界區分，試圖構建從無到有的宇宙生成式的本體論，但是他的本體論又不同於老子「天下萬物生

〔註25〕朱謙之：《現代思潮批評》，新中國雜誌社 1920 年出版，第 106 頁。
〔註26〕朱謙之：《現代思潮批評》，新中國雜誌社 1920 年出版，第 149 頁。
〔註27〕朱謙之：《現代思潮批評》，新中國雜誌社 1920 年出版，第 151 頁。

於有，有生於無」的生成論。我們看下面一段「無」怎樣生出「有」的論述：

「本體一向空無，而能從無生有，由著『無心』而有心，由著『無象』而有『意象』，自有了『心』象，就要『忽兮恍兮』生出天地萬物來了。所以宇宙不過一場想像，不過意想中的連合物，我既想有宇宙，那就是宇宙了；但當我未想之先，還是沒有想，沒有想的時候，是『無意識』，絕對的沒有想時候，就是『情』了。」〔註28〕

朱謙之認為從「無」發展出「心」就生出天地萬物，宇宙不過因為心的想像作用，而「心」沒有想像以前就是「情」。可見，他的本體論是以「心」為基礎的。他把「心」等同於叔本華的意志，他又把「情」放在比「心」更本體的地位，把「情」作為「心」之先的存在。

實際上，從上面的引文可以推論出，「意識」是「心」，「無意識」就是「無心」，「無意識」等於「絕對沒有想的時候」就是「情」，所以這裡的「情」就等於「無心」。「情」是「無心」，所以在「心」之先，他又說「無」發展出「心」從而有了天地萬物，因而「情」就相當於「無」。但是「情」又帶有人「心」的本源性意思，是「我」還「絕對沒有想的時候」。所以，這種生成論可以做這樣的理解：對人之外的天地萬物來說，「無」生出「心」進而生出萬物；對人來說，「無」包涵「情（無心）」生出「心」從而生出萬物。

第二，否定的認識方法——廢絕思慮，否定感性，由「有」返「無」。

人怎樣可以認識「無」這一宇宙的本體？

首先，朱謙之用否定性的從有到無的『逆數』法的論證，說明了現象界的「有」需要借助超出現象界的「無」來確認，而這個關於「無」的境界是人可以通過廢絕思慮的方法去達到的：「因凡有都是從無出來，而宇宙的本源，究竟『元始』，只得從『有』逆數到『無』的地位，將那『無之又無』的，認為本體，然後再看他發展的程序；所以認這個『無』的知識，只要將思慮廢絕，把四方八面路頭一起塞住，由著我們意識中現實世界，一直追到現實世界的根極——便是『無之又無』的境界。然後豁然貫通，從起出有無的『無』，回復到相對的『無』，再回復到相對的『有』。」〔註29〕可見，他的認識方法是否定性的從「有」返「無」，而對這「無」的認識，是人廢絕思慮，不要感性認識的。

〔註28〕 朱謙之：《現代思潮批評》，新中國雜誌社1920年出版，第151頁。
〔註29〕 朱謙之：《現代思潮批評》，新中國雜誌社1920年出版，第149～150頁。

其次，朱謙之把精神作為宇宙的本原，認為「求精神作用的基礎便是求宇宙本體的唯一方法」，簡單地結合心理學上的發生法論證「情」是精神的最後「本體」，因而把「情」作為宇宙的本體，為他以後思想走向唯情哲學建立了思想基礎。他說：「因宇宙是由於流動不息的精神作用所結合而成，所以求精神作用的基礎便是求宇宙本體的唯一方法；據心理學所研究，『智』『情』『意』是精神作用的基礎，蕭本華又證明了『智』是『意』的派生，但所謂『意』，實還有『情』的作用存在；原原本本由『意志』到『無意志』的境界，再到『情』的境界，就可證明『情』是精神的最後『本體』了。所以我說『情』便是本體，便是『無之又無』的『無』。這個『無』，就是『無心』『無物』『無神』的『無』。」〔註30〕

可見，他把老子與叔本華的思想相互參合，混雜出了自己的一套本體論思想。這裡的「情」實際上等同於「無」，不過是從人的精神方面給予的論述，不是後來唯情哲學所講的「真情之流」。「情」也沒有被賦予後來唯情哲學理論那麼多的內涵：這裡的「情」是與現象界區分的「情」，是本體論意義上的「無」所包涵的「情」，「情」與現象界是二分的；本體與現象之間是一種簡單的生成關係，本體高高在上，並不在現象之中。

第三，「流行進化論」——「有」和「無」的相互轉化。

虛無主義把宇宙的進化看作是一種「流行進化論」。這一理論在《虛無主義與老子》中就提了出來，在《現代思潮批評》中又詳細地闡述。他認為宇宙是變動不停的，是自無而有、自有而無的。「當『無』的時候要向著『有』的方面走，當『有』的時候卻要向著『無』的方面跑；這樣的『自無而有』，自有而『無』的遷移，向著不知道的前途，永遠申去，那便是宇宙進行的路程，便是進化。」〔註31〕所以，他所講的進化，並不是我們通常理解的社會進化和發展，而是「有」和「無」的循環。

他認為現實正是「有」的時候，必然要向「無」的道路走。他以這樣的思路否定政府和組織，認為只有「無」才是自由和善，並荒唐地主張宇宙革命，滅絕人類。他說：「克魯泡特金之言曰：無政府者無強權也。今強權之大者，莫如天地，是安可恕之矣！故不至於虛空破碎，大地平沉，以言無政府，

〔註30〕　朱謙之：《現代思潮批評》，新中國雜誌社 1920 年出版，第 150 頁。
〔註31〕　朱謙之：《現代思潮批評》，新中國雜誌社 1920 年出版，第 154～155 頁。

實有所末至。」〔註32〕「虛空破碎，大地平沉」才是虛無主義的目的。不過，到達「無」的境地應該又是向著「有」來進化。虛無主義不是斷滅的，而是無和有的相互轉化。這個思路也為他後來的唯情哲學奠定了思維的基石。

具體來講，虛無主義的流行進化說的內容有：（1）他認為革命「就是追求那個無窮無盡的『真實』，這便是進化。所以革命和進化，根本只是一個」〔註33〕。（2）他反對漸變的進化說，認為進化是時間的流行，不是空間的開拓，「進化不必存於無機物世界之現象，卻是存於生命內心的『綿延創化』，」〔註34〕心的進化才是根本的進化，進化是心象綿延，是「自無而有，自有而無」永遠的流行，但又不是輪迴。這種流行的進化是處在永遠創造永遠變化的過程當中。（3）虛無主義流行進化學說是兼有柏格森和黑格爾的長處，是「亦常亦斷，亦一亦異」，「虛無主義是一面不埋沒進化的真象，而認識那綿延創新，用不間斷的進化，一面卻要把進化的道理，應用到現在，去引渡『現在』到進化的路程上，所以前者不失其求真的態度，而後者又能把進化學理拿來消化受用，這種的進化學說，就是革命的進化學說，因為革命的意義，是為著要求那絕對的真實，而革命的方法，卻永遠是打破『現在』，去創新『未來』，須知既有『現在』和『未來』的分別，可見這種進化，的確是一片一片一段一段的，絕無可疑了。所以我說，革命的進化真象，只有虛無主義的流行說，才夠得上去說明他。」〔註35〕（4）革命是有目的的、有為的結果。（5）流行的進化需要用心意的綿延這種直覺去體驗，才能看到大宇宙的真相。（6）進化必須用革命來推動。進化是突變，需要用革命的方法來加以催迫，要根本消滅「現在」，才有「未來」。（7）革命這種行為的動機源於本能的創造的衝動而不是佔有衝動。（8）精神的本體就是宇宙的本體。「情」是精神的本體也是宇宙的本體。革命以「真情」這個本體為心理基礎，是為實現人的本性的。（9）「情」的本質內容：情是自然的、真實的、虛無的、變動的、自由的、無是無非，無知無名，沒有矛盾的；「真情」是「不慮而

〔註32〕 朱謙之：《現代思潮批評》，新中國雜誌社 1920 年出版，第 57 頁。

〔註33〕 朱謙之：《革命哲學》，《朱謙之文集》第一卷，福建教育出版社 2002 年版，第 306 頁。

〔註34〕 朱謙之：《革命哲學》，《朱謙之文集》第一卷，福建教育出版社 2002 年版，第 312 頁。

〔註35〕 朱謙之：《革命哲學》，《朱謙之文集》第一卷，福建教育出版社 2002 年版，第 307 頁。

知」、「當下便是」，只要發自本心，見自本性，便可發現眞情。（10）強調哲學特有的方法是直覺法和辯證法的結合，而不是演繹法和歸納法。直覺法和辯證法的結合就是「形而上名學」，它強調運動和變化，是革命主義的邏輯。直覺法使革命者看到本體，達到絕對的境界，堅定革命者的決心；辯證法引起革命者反動的思想，造成革命的信條去根本推翻。（11）革命的思想法是懷疑和破壞，不僅僅是思想，還是「打破」的行爲，如抵抗、暴動、罷工等。（12）革命是獲得自由的惟一方法，自由是革命者信仰的最高的善。這種自由是本於眞情的根本衝動，是無政府、無法律、無道德、無宗教的絕對自由，也是個人眞情的體現，其最終目的是實現「虛空破碎、大地平沉」的人類滅種的絕對自由——大虛無。（13）群眾性的革命運動就是「眞情運動」，「眞情」是群眾心理，群眾的行爲就是「眞情」的表現、生命的流行。（14）否定現實生活，認爲現實生活虛僞不眞，要過新生活，即要返於自然，返於人的天眞，復歸於情，要求個人絕對的自由，反對強權的壓迫，甚至離去現象界，復歸本體界。（15）唯我主義的人生觀，認爲只有眞我才是絕對的眞實，眞理也是眞我的努力與眞情所認識的東西。

從上可見，朱謙之的虛無主義流行進化說所表達的對革命和進化的觀點，都是基於其關於宇宙本原之「無」的本體論意義上的價值評判。他把詹姆士〔註36〕情意主義的心理學中強調「心的經驗」的觀點糅合進來，強調內心經驗的體認，把一切都歸結爲心和精神，強調意志自由，以思想變化來解釋歷史變化的原因，發展出自己的本體論。並且，他的思想中有很深的柏格森生命哲學的影響，他充分借鑒了柏格森生命哲學強調生命衝動的本源性、時間的本質性，尋求絕對、實在的眞理，以非理性的直覺法來認識世界本體和人的存在及活動，否定理性和科學的認識實在的權威性等方面。同時，他也吸收了黑格爾的辯證法，強調「眞情」在本體上的運動和變化。不過這裡的「情」實際上等同於「無」，是從人的精神方面給予的論述，不是後來他的唯情哲學所講的「眞情之流」，「情」也沒有被賦予後來唯情哲學理論那麼多

〔註36〕詹姆士（James·William：1842～1910），美國心理學家，哲學家。曾任哈佛大學生理學、哲學和心理學教授，爲美國心理學會和宗教心理學的創始人之一，《心理學原理》（1890）爲世人重視。他推崇實用主義思想方法與心理學實驗研究的結合，曾對人的意識、意志、本能、情緒、習慣和自我體驗等展開深入探討，其理論對美國機能心理學、科學心理學和行爲主義思想體系的發展都產生過直接影響。

的內涵：這裡的「情」是與現象界區分的「情」，是本體論意義上的「無」所包涵的「情」，「情」與現象界是二分的。朱謙之糅合詹姆士、柏格森、黑格爾等人的觀點所發展出來的虛無主義流行進化說，實際上在本體論的層面上，力圖支撐他的要求絕對自由的價值評判觀念，而這種自由理論的最終目的是實現「虛空破碎、大地平沉」的人類滅種的絕對自由「大虛無」，這樣荒唐的結論就使他的自由、革命和進化觀都失去了對現實的批判意義，淪為思想上的文字遊戲。

第四，虛無主義的人生觀：唯我主義。

虛無主義在人生觀上是一種唯我主義，不同於後來唯情哲學的唯我主義，這裡的「我」是從「體用二分」的本體論意義上來理解的，從本體的意義上確立「真我」的最高意義，否定人生社會，向宇宙宣戰。

究其根源，朱謙之的唯我主義思想與他的家庭環境有很大的關係。朱謙之四歲喪母，十二歲喪父，不久又喪姊，導致他後來只相信自己。中學時代寫《英雄崇拜論》，就開始發揮唯我主義，崇拜英雄。後來受禪宗《高峰語錄》的影響，把「我」無限誇大，把「我」等同於本體，認為我就是宇宙，宇宙就是我，我甚至超越宇宙，範圍天地，我就是本體。試看下面一段話：

「我在外像方面，雖很貌小似的，在實際方面，卻是至尊無上。因我能堅持我所本有的去和宇宙宣戰，並且宣佈人類的罪狀。我是我，不是神的，也不是人的，我行我道，有如下的十八條：（1）我就是宇宙的本體，所以超越宇宙，作宇宙主。（2）我比宇宙還大，寧可為我而犧牲宇宙。（3）只有宇宙投身於我當中，我決不在宇宙內實現。（4）我是永續不斷的和宇宙奮鬥，把我來征服那『無而有有而無』的永遠輪迴。（5）我是革命的神，敢取宇宙革命家的尊號自誇。（6）我的存在，比宇宙還早，宇宙儘管生滅，我卻是獨立不改。（7）我是為宇宙立法，宇宙從我而生，也從我而滅。（8）我是絕對的單一，和宇宙萬物永遠分離。（9）我不是宇宙的產物，宇宙是我的產物，所以生天生地，唯我為萬物母。（10）我是超神，如有上帝還要征服他趕他下去。（11）我是不能比較的，我以外更沒有我，也沒有非我，能夠和我對立。（12）我所感所行所說，都是本體的的流行。（13）我是至大無外至小無內的，一切經驗上有重要差別的東西，都搗碎在我的面前。（14）我是遍一切處，無所不在，無所不包。無所不為之要柢的。（15）我是絕對自由的，打破一切的羅網，

不受任何事物加諸其身。（16）我是宇宙的根本大法，宇宙的消長變化，就是我的消長變化。（17）我就是無我，就是大我，所以天上地下，只唯有我更沒有人。（18）我是金剛不壞的，故能破壞一切，卻不受一切的破壞，宇宙萬物都擋不住我。但須知這個『我』已經在本體界了。」〔註37〕

把我作爲本體、本源、範圍宇宙萬物、單一、絕對自由等來理解，形成了本體之我的超越現象性，要求絕對自由。以這樣的似乎頓見眞我的本來面目的境界，追求絕對自由的精神趣向，虛無主義思想指導下的現實人生卻是在「自殺」和「革命」兩個極端之間搖擺。革命是爲追求自由，追求不到自由，個體便厭世自殺，一面是奮發有爲、高唱革命，一面是頹廢厭世、悲憤自殺。這也反映了虛無主義理論的空想性。理論在現實中找不到出路，最終必然宣告虛無主義的破產。

虛無主義的人生觀還認爲世界是錯的、人生是惡的，現實的生活在向虛無的滅亡道路走，反對政府和國家甚至宇宙間一切組織，過一種向虛無目的的宇宙生活。這與他對善惡的看法相關。他主張「無就是善」，「無善便是大善」，因爲善惡相互連結，有善就有惡，善有惡的「未形的性」，可能轉化爲惡，所以善就是惡。因此主張「無」才是善。這還是「連環打破」的思路和他的根本主張「有就是惡」，這與莊子「以道觀之」，從道之全來觀世間對待，就無所謂對待的觀點接近。

第五，虛無主義的政治理想：否定組織，回歸「自然」，到達虛無的政治幻想。

在政治理想上，朱謙之是從無政府主義者過渡到虛無主義者的。朱謙之早期成爲無政府主義者，一方面是五四學生運動中對政府的失望的結果，他在回憶錄裡說：「在五四學生運動，每次示威大集合，我都有機會參加，但到屢次請願失敗之後，我便激烈地走上反對壓迫人民的政府的路上，我一時竟也變成無政府主義者了。」〔註38〕另一方面是當時北京大學的無政府主義思想流行和學術界思潮的影響。他在與另一派的無政府主義者黃凌霜〔註39〕的

〔註37〕 朱謙之：《回憶》，《朱謙之文集》第一卷，福建教育出版社 2002 年版，第 40 頁。

〔註38〕 朱謙之：《世界觀的轉變——七十自述》，《朱謙之文集》第一卷，福建教育出版社 2002 年版，第 116 頁。

〔註39〕 黃凌霜：民國初年社會學家，無政府主義者，是無政府共產主義派代表，與朱謙之所代表的無政府個人主義派提倡虛無主義不同，側重宣傳組織、聯合、

論戰中提出了極端的推翻宇宙的虛無主義和宇宙革命。他的虛無主義實際上是不要政治、否定組織，未來社會的目標是與他的虛無主義的普遍眞理爲依歸的。不過，這並不能靠自然而然地達到，必須靠革命去完成。

他講的「革命」不是僅僅指社會革命，而是力圖從哲學理論上闡述一種普遍的「眞理」。我們先來看看他的革命主張：

朱謙之認爲，革命的目的是求絕對的眞理和絕對的實在，即「自然」。革命的意義就是爲求「自然」的努力而有意義。革命在積極和消極兩方面看有所不同，「革命在積極方面，是要求眞實，就是求自然的向上努力，而從消極方面講，卻是用批評的方法，懷疑一切而破壞它。須知這兩方面是相反相成；懷疑和破壞，也正是由不眞實到眞實的一回手段罷了」。〔註40〕可見，革命是爲求眞而破壞，懷疑只是手段，革命是爲了求得「自然」，這不僅僅是講的社會革命。革命是根本的解決方法，是從政治、經濟、宗教、道德、家庭、風俗習慣等方面的根本解決，從根本上反對「組織」，這才是革命的眞意義。這是無政府主義的革命目的。他起先並不贊成俄國布爾什維克的暴力革命，而主張無政府革命。他給胡適的信中說：「我想眞正的革命家，應該瞭解那地方的民族個性才好，即如中國從各方面看來，都有無政府主義的傾向，有心人正應該因勢利導去實行無政府革命，至於陳獨秀的勞農政府呢？眞老子所謂『爲者敗之，執者失之。』」〔註41〕這是反對成立任何政府、社會組織的主張。

他把「自然」作爲懷疑的根據和標準，懷疑是爲了有所「立」，經不住懷疑的，不合乎自然的，都要破壞它，進而把不眞實的變爲眞實，以求得那個惟一的絕對眞理。從這樣的立場出發，要求革命者憑著眞情，革組織的命，求眞實的理想，要求他們反對人爲的、不自然的東西，如從根本上反對政治和強權（政府、法律等），推翻組織，排斥迷信（宗教神道）和虛僞的習慣（舊道德舊風俗），目的是掀翻一切腐朽和虛僞的東西，反轉奴隸的、服從的、柔弱的、拙劣的東西，推進社會進化。這在當時是對傳統文化和傳統社會體制的巨大批判，有一定的積極意義。

建設，當時影響比較大。

〔註40〕 朱謙之：《革命哲學》，《朱謙之文集》第一卷，福建教育出版社 2002 年版，第 300 頁。

〔註41〕 朱謙之：《荷心》，《朱謙之文集》第一卷，福建教育出版社 2002 年版，第 11 頁。

他用虛無主義的流行進化說來說明革命的進化眞相，認爲用革命去推動進化，符合宇宙進化的「眞象」。革命就是進化，「革命」目的是打破舊環境循著自然進化的前途去，是一種求絕對的眞善美的普遍性方法。隨著西方進化論日益深入人心和得到共識，朱謙之也發展出了獨特的進化論思想，但又不是通常的社會歷史觀上的進化論，而是從宇宙觀、本體論上的「從有到無」和「從無到有」的進化論思路。他在對進化的方向上試圖與對他所建立的虛無主義這一普遍性、絕對性的眞理觀相聯結，基於虛無主義的目的而把革命和進化相互等同。他把革命作爲向虛無進化的過程，反對一切人類社會組織，否定當時流行的各種思潮，把無政府主義作爲過渡階段，認爲廣義派主義〔註42〕不如無政府主義，無政府主義不如虛無主義。他說：「現代的革命運動，是虛無運動，而虛無主義是進化主義，他的目的只在將來，他的進化手續不客氣的說出就是痛痛快快的把宇宙滅了。」〔註43〕這樣的革命目的所編織的個人政治幻想，最後走向了虛無。

因此，他的無政府主義革命的政治要求也只是一種暫時性的過渡階段，他的目的不是無政府主義的實現，而是宇宙革命的實現，到達虛無的目的。他說：「國家革命不如無政府革命，無政府革命不如宇宙全體的總革命。」〔註44〕他認爲的革命階段，由低到高依次是政治革命、社會革命、無政府革命、虛無革命。他說：「最徹底的革命，在把宇宙間的一切組織都推翻，幾時革到無天無地，無人無物，這才是歸宿。」〔註45〕這是虛無主義革命的目的。基於虛無主義的認識，在經濟上主張「無產主義」，認爲一切「物」都是錯的，財產不屬於任何人，而應該消滅。

從上可見，朱謙之對革命的哲學理論探討，本意是爲現實社會提供理論指導，但是他的這種理論的普遍性與當時中國的特殊性發生了矛盾，最主要的是理論的普遍性與絕對性要求超越了民族國家的現實，帶著極端的空想性而不可能得到社會的認可。並且，我們從他的政治幻想中也看到了老子「向

〔註42〕即列寧領導的俄國布爾什維克，朱謙之認爲他們雖然反對舊政府，還要建立新的政府，而朱謙之認爲政府就是強權組織。

〔註43〕朱謙之：《現代思潮批評》，新中國雜誌社1920年出版，第158頁。

〔註44〕朱謙之：《革命哲學》，《朱謙之文集》第一卷，福建教育出版社2002年版，第341頁。

〔註45〕朱謙之：《革命哲學》，《朱謙之文集》第一卷，福建教育出版社2002年版，第391頁。

後退」的否定性思路，不過被他結合西學做了某些改造罷了。不過，他的理論的這種普遍性的探討，也反映了 20 世紀 20 年代學術界理論構建的世界主義傾向。

四、價值及其缺失

朱謙之自己在《七十自述》中說：「名為『革命哲學』，不過證明了宇宙究竟為寂滅，所謂用革命的方法，也不過一種寂滅論罷了。」〔註46〕我們現在回顧他的虛無主義思想，客觀地說，虛無主義從哲學本體論和時代意義方面看都有一定的積極意義，同時也有嚴重的理論缺陷和空想性。

第一，虛無主義側重於哲學理論上的本體論探尋，是一種有益的理論創建的嘗試。

不同於無政府主義〔註47〕傾向於政治思想，朱謙之的虛無主義側重於哲學理論上的本體論探尋。虛無主義本體論建構是從現象界外追尋一種二分的、超越的本體思路，其思路是「從有到無」的流行進化學說觀點的運用，並且他對無政府主義進一步徹底化，運用懷疑和否定法，建構形而上的虛無本體。但當把這種虛無本體作為現實社會的依歸時，由於它與現實的脫離與空想而走向困境。虛無主義主張反對宇宙間的一切組織，打破強權、消滅財產和階級，認為人類應該進化到「無」的宇宙本體。它本著追求真理的精神，主張求真、求善，實現本體，返回宇宙本體的「真情」，認為這才是完全解放和善。在本體論上，虛無主義結合時代思潮有它的宇宙生成論；在方法論上，有它的「無知」、「無名」、辯證法和直覺法，主張否定和懷疑一切的根本觀念；它的目的是實現本體，追求所謂虛無的目的。學術界一般還是把虛無主義看作無政府主義的一部分，如張國義的博士論文只看到朱謙之標榜虛無主義是將無政府主義推向徹底化，這樣就看不到朱謙之虛無主義在本體論上的理論努力。

第二，對傳統社會的批判作用。

虛無主義有著對現實不合理性的強烈批判。虛無主義反對強權和組織，

〔註46〕朱謙之：《朱謙之文集》第一卷，福建教育出版社 2002 年版，第 122 頁。
〔註47〕1911 年以前主要在留日學生中傳播的無政府主義思想，是反對封建專制、追求自由和平等；1912 年至 1917 年無政府主義在國內獲得廣泛傳播後，主張的是反對強權、消滅資本主義制度在內的一切社會組織，主要是政治思想主張，並且積極開展社會實踐活動。此處指的是後面階段。

主張絕對的自由和平等，認為「名」的抽象不能代表具體事物，提倡個人主義，都在一定程度上對傳統社會的不合理性起到批判作用。在反傳統潮流的五四運動中，這一理論是當時思潮的反映，並且是對當時思潮在哲學理論上的徹底化、極端化。

他從否定性的懷疑法去看待現實存在，從無政府主義思想徹底化為虛無主義的政治主張，是對傳統不合理秩序的徹底否定。他在對現實不合理的批判中把這種從有到無的否定法運用到了極限，為了追求自由和善的真理，而從現象界跳出去走向了極端的虛無。這種把人類社會也否定掉的方法，其實是他從根本上否定人類社會組織的結果，也是把理論在現實中的運用。他的這種思路在以後的唯情哲學創建中繼續延續，不過根本的提法從「無」變成了「有」，發生了大轉變，方法和思路也是一貫的流行進化觀點。

第三，虛無主義思想的內在矛盾。

首先，虛無主義從本體與現象二分的視角探尋本體，本體「無」怎樣生成「有」是個難以解決的困境。雖然朱謙之引入了「情」和「心」的概念，但是「情」不過是「無」的意義，而「心」是人心，從「無」中生出「心」來去想像、生出宇宙萬有，且不說心怎樣想象生出宇宙萬有，從「無」中怎樣生出「心」來也是無法解釋的理論困境。從「無」生出心來看，心應該是獨立於人的精神，但朱謙之說宇宙是人心的想像，心怎樣從無生出來無法解決。這些理論中的困境都為他的思想轉變埋了伏筆。

其次，虛無主義的流行進化說闡述了從「有」到「無」的一套理論，但是從「有」之現實怎樣到「無」之本體也是難以解決的。雖然朱謙之提到反對組織、進行宇宙革命，也提出了一些經濟上的觀點，但究竟怎樣在現實中去做，怎樣從無政府主義走向虛無主義，理論中是一片空白，流於空想。這為其以後的唯情哲學預留了展開的思路。學術界一般都沒有看到朱謙之在後來論述唯情哲學時候的這一根本思路還是流行進化學說的再度展開。

最後，虛無主義方法論的機械性是其最大缺陷。他從本體與現象的二分上來看待本體，把本體這個真理看作是絕對與現象不相容的。他本來是要為現實找尋真理，但是，由於方法論的機械性，他肯定超越現象界的絕對真理，同時就意味著要否定現實世界，實際上走向了自己初衷的反面。

第二節　「眞理只是體用合一」：信仰與唯情哲學

　　1921 年上半年朱謙之還是個極端的虛無主義者，西湖之行後，1921 年底到 1922 年初，他的思想開始發生一個大的轉彎。這表現在 1922 年 3 月的《唯情哲學發端》，給李石岑的《信仰與懷疑》的信件，以及 1922 年 10 月的《無元哲學》論文集。《無元哲學》一面把虛無主義走到盡頭，一面「開了孔家思想的先河」，開始闡發唯情哲學。之後有 1923 年的《我的新孔教》，1923 年 6 月的《虛無主義者的再生》，1923 年的《周易哲學》，1924 年的《一個唯情論者的宇宙觀及人生觀》，以及 1926 的《謙之文存》，直到 1928 年楊沒淚〔註 48〕病逝，朱謙之的唯情思想和生活才結束，思想才有了新的方向。

　　學術界對朱謙之的唯情哲學關注和研究的有：1、董德福在《朱謙之生命哲學初探》〔註 49〕中探討了生命哲學在 20 世紀早期傳播中國的過程中，朱謙之唯情哲學所受西方生命哲學的影響。2、張國義的《朱謙之與西方生命史觀的輸入與改造》〔註 50〕一文分析了朱謙之的虛無主義與唯情哲學的思想方法，認爲他的方法主要是柏格森生命哲學與黑格爾辯證法的結合。他還在《近現代東西文化互動中的生命哲學》〔註 51〕中認爲朱謙之將柏格森的「創造進化論」改造爲他的「流行進化說」。朱謙之的流行進化說在《革命哲學》一書表現爲虛無主義的流行進化說，在《周易哲學》中表現爲眞情主義的流行進化說。這些對朱謙之思想來源的探討無疑是很有意義的，不過他們忽視了朱謙之方法論的中國傳統因素。西方哲學對朱謙之的影響是外在的，是促使他思考、構建哲學本體論的一大原因，中國傳統哲學儒家對朱謙之唯情哲學的影響則更爲重要。3、方用的三篇文章《朱謙之「唯情哲學」批判》、《試論朱謙之〈周易哲學〉中的「情」》、《試論朱謙之唯情哲學的理想人格》〔註 52〕集中探討了朱謙之的唯情哲學，認爲朱謙之的唯情哲學試圖以「情」發掘和重建儒家的形而上學，對「情人」的理想人格做了論述，唯情哲學對於唯理性

〔註 48〕朱謙之早年愛人，1928 年病逝，有《沒淚文存》傳世。二人有愛情書信集《荷心》出版，現收入《朱謙之文集》第一卷。

〔註 49〕《福建論壇》文史哲版，1993 年第 4 期。

〔註 50〕《東亞學研究》，學林出版社 2000 年版。

〔註 51〕http://www.zisi.net/htm/ztlw2/xfzx/2005-05-10-19439.htm

〔註 52〕方用：《朱謙之「唯情哲學」批判》，《華東師範大學學報》（哲社版）2003 年第 4 期；《試論朱謙之〈周易哲學〉中的「情」》，《周易研究》2007 年第 3 期；《試論朱謙之唯情哲學的理想人格》，《蘭州學刊》2007 年第 4 期。

哲學具有糾偏作用，而且對於全面地理解個體生命，對於哲學的健全發展，都具有一定的啓發作用。方用的探討實際上也啓示我們，要重視朱謙之對儒家思想在近代的拓展，重視他從虛無主義到唯情哲學的理論創建價值，在客觀上拓展了傳統儒家的心性論。

　　本文這裡主要從如下幾個方面進行論述：一是指出學術界忽視的朱謙之思想轉變的眞正原因；二是闡明唯情哲學把握普遍的眞理不同於虛無主義的地方在於，唯情哲學把本體融於現象之中來理解，即「體用合一」，而不是虛無主義時期把本體高懸在現象之上；三是以「體用合一」的視角來看朱謙之唯情哲學的理論創建意義，我們就會發現他理論思考在進一步深入後，形成新的人生觀和政治理想的理論支撐，並且，在時代基礎上對儒家哲學做了一定程度上的發展。

一、思想轉變的背景及原因

　　朱謙之思想轉變的外在原因，一方面是受到當時學者的影響，尤其是受到梁漱溟回歸儒家文化的影響，使他有了自己進一步的思考。他把虛無主義的本體論轉變爲唯情哲學的「眞情之流」，從而與人們生命實際結合，產生成爲「情人」的人生理念，使理論有了更多的現實指導意義。他曾這樣說：「當他《東西文化及其哲學》出版，我實受極大的影響，這時我的本體論完全折入生命一路，認情本有，不是無。這是因他提出了一種和虛無主義不同的生活方式。」〔註 53〕不過他並不贊同梁漱溟的中國文化、西方文化、印度文化的區分，他從「眞情之流」的觀點認爲東西文化是一元的，即都是求普遍性眞理的，東西文化中都有正統派，「正統派是講生命的眞理的，申言之，正統派的哲學是以絕對的眞理爲依歸。」〔註 54〕這時他從本體論上「無」的否定性思路轉向非理性「眞情之流」的建立，開始借儒家思想修正前期建立在道家老子思想基礎上的觀點，發展出自己的唯情哲學，繼續探尋普遍性的「絕對眞理」。另一方面在與梁漱溟與黃慶的思想交流中，也是當時社會現實對他的刺激。他說：「我因營救友人事，越覺得如李守常這般倡革命的，實在靠不

〔註 53〕　朱謙之：《一個唯情論者的宇宙觀及人生觀》，《朱謙之文集》第一卷，福建教育出版社 2002 年版，第 473 頁。

〔註 54〕　朱謙之：《一個唯情論者的宇宙觀及人生觀》，《朱謙之文集》第一卷，福建教育出版社 2002 年版，第 467 頁。

住，實在除利用青年外，沒有別的！因此我漸漸由好亂的心理，一轉而入於望治的心理，一方面浪遊的結果，愛美的心，也不自覺地油然而生。」〔註55〕

關於朱謙之思想轉變的根本原因，張國義認爲是朱謙之「對於無政府主義革命的失望以及其虛無主義之無出路」，認爲其「虛無主義在理論上有明顯缺陷，在政治設計方面也帶有典型的空想特點」〔註56〕，這種看法無疑是正確的，不過卻忽略了朱謙之在理論上的努力，其唯情哲學也是一種其前期理論基礎上的自然發展。

其一，朱謙之前期虛無主義的理論探尋無法解決與社會發展需要的矛盾。五四啓蒙運動後的思潮直接關心的就是現實中國的未來發展，救亡圖存和社會革命越來越成爲知識精英們的主要關注點。而朱謙之面對現實問題的思考卻並不是民族國家意義上的，而是一種普遍性的。在《革命哲學》中他循著否定性的徹底解決思路，提出了國家革命不如無政府革命，無政府革命不如宇宙革命的思路。這樣的觀點於現實中的個人沒有可以實行之處，只是一種本體論上純理論的說明，帶著個人的極端空想性。

其二，這也是前期虛無主義理論的非理性主義思想進一步發展的結果。如前文所述，朱謙之在虛無主義的理論探索中已經開始用心理學的發生法把「情」放在「無」的層面，把「情」作爲先於「心」的精神本體，不過還沒有具體闡發。在虛無主義思想時期，他認爲人要符合這種「眞理性」的生活，就是憑著直覺過一種眞情生活。他認爲「自然隨感而應的直覺生活」就是「眞生命」的實現。這是《無元哲學》中對虛無主義理論的進一步探索，是在道家老子思想資源的基礎上考慮本體論與人性的結合，人怎樣實現虛無的目的。用他的話來講：「宇宙間一切現象都是由『眞生命』流出，也無不還到『眞生命』去，因爲眞生命就是一切現象的虛無本相。」〔註57〕當他用儒家《周易哲學》來重新理解「情」之後，「情」的本體蘊涵了比虛無主義的本體「無」更多的現實價値論意義。

另外，唯情哲學實際上彌補了虛無主義沒有論述的從「無」到「有」的流行進化說。這也是學術界比較忽視的地方。他原先虛無主義思想中認作罪

〔註55〕朱謙之：《荷心》，《朱謙之文集》第一卷，福建教育出版社 2002 年版，第13 頁。

〔註56〕張國義：《朱謙之學術研究》，華東師範大學 2004 年度博士學位論文，第 33 ～34 頁。

〔註57〕朱謙之：《朱謙之文集》第一卷，福建教育出版社 2002 年版，第 445 頁。

惡的「有」，應該滅絕的現實，在唯情哲學中變成了值得肯定的、當下的樂土，實際上也是他的虛無主義流行進化說的自有而無、自無而有的思路體現。從「從有到無」到「從情到有」的這種對本體論追尋的前後轉變，思路還是在前期的流行進化學說的「自有而無，自無而有」的基礎上的發展。虛無主義把罪惡的現實否定到底了，就是「無」這個「善」的實現；那麼，反過來，從被否定過的「無」之善向現實的流溢，也必然是值得肯定的了。

實際上，「從有到無」轉變為「從無到有」，在他的頭腦中做了一個大的轉變就完成了。不過，這種肯定和信仰當下也是有一定的理想性和現實批判性的，並不是直接肯定當下，而是闡明人可以從認識真情去認識宇宙，認識人性的根本和真理，從而有一種更加符合人性的生活。

上節虛無主義的分析中，已經推出了他的宇宙生成論是從「無」這個包涵了「情」的本體開始的，這裡的生成思路還是一樣的。從這個「無」中得到了「情」，否定了「無」，賦予「情」以最根本的地位，從「情」所發生出來的就是好的、善的，現實就是值得完全肯定的了。不過，「情」已經有了新的意義，不再是孤立高懸的本體，而是一種運動變化的「真情之流」，是蘊涵在現象界中與萬物合一的，理論上更加嚴密。唯情哲學把「情」貫穿於從「無」到「有」的「無」和「有」，從而「無」中含有「情」就不再是「無」，而成了「有」，即「認情本有」。這樣的宇宙生成論就克服了「無」生成「有」的斷裂。運用「情」來解釋「人性本善」、「仁」等問題也沒有了間斷，直接從天賦的「情」解釋就很清楚了。

二者比較起來，虛無主義是一種否定的方法，是否定到極限的「無」；而唯情哲學是在前者否定思路的基礎上把極限的「無」轉換成「有」之「真情」，從真情之本源向現實流溢和肯定，重視「真情」之本，也重視真情在現實中的表現，從本體上肯定現實的合理性。這實際上是一種「否定的反轉」，從現實向本體和本體向現實的雙向來完善理論，不是虛無主義簡單的單向否定思路，並且賦予「情」以現象界中的意義，以「情」彌補了從無到有環節中的不足，有了與現實的直接結合。這種結合既是在本體生成論上的補充，也給予了人的價值層面的意義。這樣賦予「情」以根本地位，人和萬物都蘊涵著「情」，而人得到「情」並且按照「真情」來生活，成為一個「情人」，就是人的本性的充分實現。

　　其三，方法論上的反省和轉變也爲朱謙之的理論轉變奠定了基礎。他在《一個唯情論者的宇宙觀及人生觀》中說自己虛無主義時期的幾個方法不對：一是自己運用分析法沒有認識到眞生命，將生命的綿延割裂開了；二是自己以辯證法來認識本體，還是落入辯證的境界，並沒有找到「善」的境界；三是自己極力否認感覺，走頓悟虛玄的思路，「致知」沒有「格物」。這幾個方法都失敗了。〔註58〕可見，他認爲求本體的方法，必須從感覺下手，改變了先前虛無主義時期的否定感覺的觀點，但所得的境界不以感覺爲止，必須用「直覺」法才能證會物我渾然一體、與天地同流的本體。這種思想主張的改變，很明顯地是從前期借鑒道家思想否定感性知識進行直覺頓悟走向本體論的思路，轉變爲借鑒儒家肯定感性知識進行格物致知，同時又不放棄直覺法，在儒道思想結合的基礎上求得一種「善」的價值理念。

二、「情就是眞理」的唯情哲學

（一）「情就是眞理」的眞理觀

　　唯情哲學是爲了探尋宇宙間普遍的眞理，給予人們一個統一的信仰，建立判斷是非善惡的標準，爲人生尋找精神的立足點，即以自身的「眞情」來認識宇宙本體從而過「情人」的生活。這就必須從理論上徹底說明什麼是普遍的「絕對眞理」。我們首先來看朱謙之唯情哲學的眞理觀以及人怎樣認識眞理：

　　第一，朱謙之從「情」的視角來說明眞理，認爲眞理就是「情」，哲學家的任務就是通過自身這一個體所具有的「眞情」發現普遍具有的眞理。他把「情」作爲人類共同的意見，人人普遍同意的主觀性。要發現眞理必須除去有我之私，即個人的成見，認爲不能只從個人的宇宙即個人的主觀性來尋找眞理，那樣只會眾說紛紜。但是又不是完全拋開個人的主觀性，要認識到「自我宇宙是和『萬有』有關係的，所以我們必須找尋兩者共同的中間物，就是普遍的宇宙」，從「我的眞理」中去發現「宇宙萬有眞理」，即發現客觀的眞理。這個中間物，就是「情」：「因爲眞正的主觀，是存在於自我的底子的『情』，無論何人，都有這一點『情』，這點『情』是個人的眞正主觀，同

〔註58〕朱謙之：《一個唯情論者的宇宙觀及人生觀》，《朱謙之文集》第一卷，福建教育出版社2002年版，第474頁。

時和普遍的主觀相符合。我認爲對的，則無論何人都也認爲對的，卻沒有一個人覺著不很對的。這麼一來，則我的眞理，便是你的眞理了，你的眞理便是一切人的眞理了。」〔註59〕眞理會因時因地而變化，但變的只是形式，內容不變。這個不變的就是「情」，這個「情」就是眞理本身，也是唯一的眞理。這個普遍性的、共性的「情」包含在特殊性的具體個人身上。他把人人都有的「情」作爲說明人們共同的判斷是非的標準，實際上這個標準還是一種唯心的主觀性，帶著空想性，並不能作爲眞正的判斷標準，不過，他卻從借助「情」這個普遍性的中介獲得了理論上個人能夠發現和認識眞理的說明。並且，他從「情」的眞實、自然性等本源意義上獲得了一種衡量現實的意義，也就獲得了一種本體對現實的批判和規範意義。

　　第二，眞理只是宇宙間的自然天理流行。他認爲眞理不是變，也不是不變，也不是一件物，而是「體用合一」，是「無形而有理」。這個「理」就是「情」。眞理（情）無所不在，先天地而存在，並且存在天地之中。眞理不是工具而是道理本身，「眞理不是一種工具，卻是造工具的一番道理；也不是東西，是東西之『所以然』。」〔註60〕工具是有成有毀的，而這一成一毀的道理卻是沒有間斷的。眞理不變的意思並不是有個不變的本體存在那裡，而是道理不變，眞理只是「體用合一」：

　　「我們說眞理不變，是說這道理不變，所以體用合一，卻不是有個不變的本體在。」

　　「若使眞理不變而有一不變的本體在，則本體也等於一物，怎能做萬物根柢？又況有這一個不變，便自然有變的一義發生，變和不變成爲相對的，體用分開。你縱能否認變的價值，卻不能取消變的實在，你可以說不變是眞理，但你不能不於眞理外更立個非眞理，和眞理相對，既然有非眞理和眞理對立，那也是普遍的眞理嗎？……眞理只是體用合一，誰分別出那是體那是用呢？」

　　「眞理純以這點『情』而言，所以體用合一，體也是這點『情』，用也是這點『情』，只有這一點『情』是眞理，除此以外，更沒有什麼眞理，但除這一點『情』外，也實在空無所有，所以世間萬有莫不是眞理，沒有一個而外

〔註59〕朱謙之：《一個唯情論者的宇宙觀及人生觀》，《朱謙之文集》第一卷，福建教育出版社2002年版，第458頁。

〔註60〕朱謙之：《一個唯情論者的宇宙觀及人生觀》，《朱謙之文集》第一卷，福建教育出版社2002年版，第459頁。

於眞理者，即眞理而萬有即在其中，即萬有而眞理便無所不在，如沒有這天地，已先有這天地的道理，到有了天地，而這理卻在天地當中。這是十分顯明的，無論何物都不能離卻（缺）眞理，無論什麼時候什麼地方，都是被這眞理充塞住。這麼一來，眞理本無在無不在，是和宇宙的生命相符合的了。」〔註61〕

從上可見，眞理不是本體也不是現象，不是事物本身及其運動變化，卻是事物產生滅亡的「所以然」，它是無形的，也是實實在在、充塞宇宙萬物之中的。它是先天的也是後天的，不需要去做本體與現象的區分，它只是宇宙間的自然天理流行。

第三，人怎樣認識眞理呢？朱謙之認爲「格物致知」不能分，不能只從主觀去求眞理，應該求公共的眞理。他在對主觀唯心論的批評中重新闡釋了「體用合一」。他說：「孔家探求眞理的方法，和釋氏虛空寂照的感覺不同，是兼知行，合內外的。人們如果不解這種方法，而要在意識的想像上建立一個本體，那麼這個本體，只算一種意談，只算做弄精神罷了。」〔註62〕這是他反省前期虛無主義的「體用二分」的方法，認爲不能僅從主觀上去求眞理，借鑒儒家「兼知行，合內外」，認爲「體用合一」才是正確的。他批評王陽明的「心外無理」、「心外無物」只是從主觀上講的比較圓滿，但是在理論上還是分了心內、心外，不懂得「心體廣大，盡宇宙萬有，都不能外，我們不要指腔子裏以爲心，須知上看下看內看外看，充塞宇宙都是理，即是心也。」〔註63〕王陽明拋卻了《大學》格物的工夫，從正念頭去格物致知，得到的不過是一個超越意識中現象界的懸空的本體。他指出「理即是心」，在本體論上，可以說這是從客觀唯心論反對主觀唯心論的思路。不過，正是這種客觀唯心論的建立，使他認爲不能只是在主觀上「弄精神」，而要「格物致知」、「兼知行，合內外」，去尋找一種公共的眞理。這是承認人們可以認識宇宙間的自然天理流行的眞理。

〔註61〕 朱謙之：《一個唯情論者的宇宙觀及人生觀》，《朱謙之文集》第一卷，福建教育出版社 2002 年版，第 460 頁。

〔註62〕 朱謙之：《一個唯情論者的宇宙觀及人生觀》，《朱謙之文集》第一卷，福建教育出版社 2002 年版，第 463 頁。

〔註63〕 朱謙之：《一個唯情論者的宇宙觀及人生觀》，《朱謙之文集》第一卷，福建教育出版社 2002 年版，第 462 頁。

（二）唯情哲學的主要內容

基於這樣的真理觀，朱謙之唯情哲學的主要內容歸納起來主要有以下幾點：

一是把本體看作無往而不在無時而不變的「真情」，這個本體沒有間斷，像流水一樣永遠變化，因此叫「真情之流」。這是與他自然天理流行的真理觀相一致的。

二是在方法論上否定了先前的理性懷疑法，認為懷疑是罪惡的根源；主張非理性的信仰，用直覺體悟、默識。

三是認為人性絕對是善，惡是不可能的：「但為什麼有惡呢？原來善才遲鈍些，便覺妨礙生機，便叫做惡，其實惡是不可能的，惡只是小善，只須一任擴充便得，也不能不擴充的。由此可見，世間根本沒有壞人，……。」〔註64〕

四是強調當下便是樂土，重視現在，認為「時間本只有現在，過去是現在之積，將來是現在之續，只要我守著這當下，便是真的時間了！」〔註65〕

五是從實現途徑上看，認為要實現本體，不需人為去做什麼事，只需要自然而然地憑著直覺，擴充自己的一點「情」，隨著真情之流而體會，在精神上去契合；強調在現實中個體依靠絕對信仰去實現本體、去皈依於宇宙大神，「化理智的生活，復為真情的生活」〔註66〕。這是化理智的生活為非理性的真情生活。可見，除了直覺的方法與前期虛無主義思想相一致外，其他觀點都完全掉轉了。

（三）唯情哲學的人生觀和政治理想

從無到有、從懷疑到信仰的轉變是本體論視野和方法論上的轉變，同時，朱謙之的人生觀和政治理想的轉變也是巨大的。

在人生觀上從否定現實、認為現實是罪惡的轉變為肯定現實，追求個人主義的自由幸福，政治理想上也從無政府主義、虛無主義轉變為社會大同理

〔註64〕 朱謙之：《周易哲學》，《朱謙之文集》第三卷，福建教育出版社 2002 年版，第 99 頁。

〔註65〕 朱謙之：《周易哲學》，《朱謙之文集》第三卷，福建教育出版社 2002 年版，第 99 頁。

〔註66〕 朱謙之：《周易哲學》，《朱謙之文集》第三卷，福建教育出版社 2002 年版，第 99 頁。

想。虛無主義的政治觀雖然基於現實社會的背景，但是並沒有太多站在民族文化的立場上思考問題，在現實中表現爲無政府主義，而唯情哲學的政治觀卻有救中國的一種現實關懷。他從民族文化中發掘出自認爲最有價值的「大同主義」思想予以新的普遍性理論闡發，藉以推動民族文化運動。不過，唯情哲學是以純粹個人主義式的幸福和大同的空想相互結合在一起，以眞情的本體論爲依據，爲個人及其所生活的社會構建了一個意義和價值，似乎爲個人找到了一個安身立命之所，實際上我們看到，這不過只是個人完美的寄託和政治幼稚病。朱謙之 1926 年的《大同共產主義》、1927 年的《國民革命與世界大同》、1928 年的《到大同之路》所闡述的社會大同的理想都是空想性的。並且，無政府主義和大同社會兩個時期的政治理想有著相同的思路，即站在世界的、人類的立場來談革命，它是面向普遍性的理論構建。這也是當時爲眞理而眞理或者說學術超越的表現。

無政府主義和大同理想的提倡都基於當時的中國現實政治社會，尤其是他提倡大同理想社會是從亞洲被壓迫民族的立場出發的。大同理論雖是超越狹隘國家主義的世界主義，卻是從傳統中國政治精神中發掘出大同的思想，給予了民族主義式的闡發。可以說，這種政治觀是在回歸傳統的形式中面向現代的，是對傳統政治精神的新發展。

第一，人生觀上主張信仰和肯定現實。

唯情哲學在人生觀上一改過去否定現實的觀點，主張信仰和肯定，追求「快樂」和「愛」，過一種個人式的自由生活，在現實中表現爲一種道家式的隱逸生活。

首先，朱謙之認爲生活的目的就是追求永恆的快樂，「人之究竟唯求此永恆之樂耳。」〔註67〕這裡的快樂是精神上的快樂，是被包涵在「眞情之流」中的，要求快活自在，「自然與天爲一」，沒有了虛無主義式的自由政治理想了。他把快樂理解爲一種意想、一種永遠奮鬥的自由意志，人在追求的過程中才能感覺到快樂，所以是一種「創造的享樂主義」。凡是能夠給人帶來快樂的，都是好的。快樂就是善，「只要是樂的，便是善的，樂外無善，善外無樂。」〔註68〕但快樂卻不是現實的物質基礎上的，快樂存在於「意象」裏，

〔註67〕 朱謙之：《荷心》，《朱謙之文集》第一卷，福建教育出版社 2002 年版，第 2頁。

〔註68〕 朱謙之：《荷心》，《朱謙之文集》第一卷，福建教育出版社 2002 年版，第 3頁。

在過去與未來的玄想裏，在信仰裏，人想像著快樂，就快樂了。可見，快樂是只關乎精神的，是唯心的快樂。他還認爲眞樂就是把自我和非我和合起來的快樂，神秘的享樂主義是最高的快樂，這是「神」的意象上的快樂，這個「神」就是宇宙、就是美，人可以在「靜默」中體認，不過他又說：「只要自家心美，便一切都美化了。」〔註69〕快不快樂，主要是內在的精神。他把快樂放在「眞情之流」的本體意義上來看，認爲精神上永遠沒有痛苦，也否認物質給予人的痛苦。

其次，他還肯定愛情是引導人去享受神的快樂，愛是眞情的體現。他認爲愛情的本質是神秘（不要理性）、不可分、綿延（沒有一刻間斷）。希望在愛情中使生活藝術化，藝術生命化，成就藝術的人生。他並且還結合儒家大同思想設想了藝術社會的大同理想，在這種藝術家組成的社會中，每個人都是藝術家。這種人生觀基礎上的政治理想在下面詳細論述。

再次，唯情哲學主張信仰，改變了虛無主義斷滅人生的思想，轉而主張在現實世界就可以實現眞生命，並主張一種藝術的人生。他說：「我要勸告人們的，就是解脫決不可能，也可能的，如能於解脫不解脫，亦無所解脫，這就是解脫了，也就是眞生命的實現了。由此可見，眞生命是可以實現而且即在人間世上即可實現，我的兄弟們呀！我懇求你，不要相信那超於人間的希望的涅槃，讓你眞誠惻怛的大悲心，就實現這眞生命在人間上。」〔註70〕這種主張信仰的思想有佛教的影響，比如影響朱謙之的《高峰語錄》中就有勸人信仰的語句，不過朱謙之在反出佛教後，不再相信、追求彼岸的涅槃，而是追求現實的解脫和在現實中實現眞生命，但這種生活的實現卻並不是直接肯定實際社會，而是希望過一種純潔的「吟風弄月，傍花隨柳」的新生活，即安樂主義，完全發展個性，欣賞自然之美，希望超脫現實世界的功名利祿，過個人式的隱逸生活。這種逃避現實的態度，實際上也反映了他的理論在現實中找不到實現的途徑而帶有極大的空想性。隨著國民革命運動的發展，朱謙之也逐漸希望通過孫中山的三民主義的實現，進而實現他的藝術理想大同社會。

〔註69〕朱謙之：《荷心》，《朱謙之文集》第一卷，福建教育出版社 2002 年版，第 5 頁。
〔註70〕朱謙之：《無元哲學》，《朱謙之文集》第一卷，福建教育出版社 2002 年版，第 438 頁。

第二，政治觀上主張「真情政治」。

唯情哲學的政治觀以唯情哲學的「真情」為基礎，主張一種「真情政治」或「大同世界」，這種「好政治」是追求「萬人安樂」的仁的生活，是人之本性的實現。其政治觀有如下幾個基本方面：

一是從宇宙論出發的「宇宙觀的政治系統」，即這種政治觀點是一種反對國家的、超越國家觀的世界主義政治理想，同時也是民族主義的。談大同理想必然面臨著其與當時的民族情節之間的心理矛盾。他的世界主義的政治理想是以民族傳統文化為基礎的。唯情哲學的政治觀以儒家的大同理想為基礎，以道家無為思想糅合了無政府主義的主張，以「天下為公」為最高理想，以禮樂為依歸，是一個幻想超越國別和種族的全人類的自由組織，這也是當時思想界流行世界主義的表現，不過它也是一種民族主義立場上的政治設計。這種世界主義是站在「亞洲被壓迫民族」的立場上，以中國為中心的國民革命。他以民族主義反對狹義的國家主義，倡導人類一切平等，個人絕對自由。他以維護中國固有文化的愛國者的姿態，闡發中國傳統政治精神的大同思想，從民族文化中發掘出「最有價值」的「大同主義」，也是為了推進民族文化運動，為了救中國的一種現實關懷。這是世界主義與民族主義的結合，是理論的普遍性與民族特殊性的結合。

二是這種政治觀點是和哲學所探討的宇宙原理相互一致的，是以「真情」宇宙觀為價值評判基礎的。這個大同社會在政治上是「自然法的組織」的無為而治；在經濟上，他在克魯泡特金《互助論》的基礎上更進一步主張「唯美的功利主義」，即藝術和勞動相結合，提倡手工業，反對大機器生產，使經濟生活和宇宙生活渾成一片，再現一種藝術美的世界。幻想以井田制為基礎達到絕對的平均。在實現方法上避免使用暴力，而幻想人人都參加改造。這種政治不是法治，也不是無治，是一種真正的「人」的生活。這種「好政治」沒有強權，以人的真情的實現為基礎，使人人都快活安樂，物質充裕，精神幸福。

三是這種政治觀以復歸宇宙本體——「真情之流」為目的。他把這種復歸於本體真情的社會叫做「大同世界」或者「宇宙民國」，實際設想就是《禮記·禮運》中的「大道之行也，天下為公，講信修睦」等內容，並且他又以無政府主義觀點改造了儒家思想，認為這個「真情政治」是「無為而治」的社會，否定現實國家的政治。他論述國家的缺點有：一是國家的特質是強權；

二是國家以理智爲基礎，所建立的是「人爲法」，對內維護統治階級的統治，對外戰爭，最終還是百姓負稅遭殃，這只會影響人們自由發展人格，眞情不能自由發展。他從「情」出發，主張建立「情的組織」——「自然法的組織」，反對「人爲法的組織」：「原來人一生下來，都是有『眞情』的，我們的政治原理，就是站在這一個觀點上，引導人們來發揮本來的美性——情——使他擴充發達，便自然趨向於大同和四海皆兄弟的原理上面。」〔註71〕這個「眞情政治」是「無爲而治」的社會，沒有反人性的統治者，只有人情和禮樂，沒有法律和強權，取消現實國家政治強權和壓制。這就不像虛無主義反對一切組織，而是只反對「人爲法的組織」。他認爲「人爲法的組織」是萬惡之源，是一種刑名法術之治，是命令、強制、威嚇，是橫暴不仁，滅人個性，壓制創造，使人奴隸化。這是對當時現實政治的否定。

四是其大同社會不是無政府主義，而是「藝術的組織法」，但不是強權政治。他還以儒家思想爲基礎，以道家無爲思想改造了無政府主義中的反對一切組織的觀點，這是以往的論者比較忽略的。這裡的政治觀並不是原始的儒家思想。它是在儒家大同政治思想基礎上，糅合了無政府主義並結合朱謙之個人的設想而形成的，是無政府主義思想的進一步發展。他設想天下如一，不分國界種界，但並非沒有組織，比如中國就是大同組織的一個單位。

「藝術組織法」是大同主義的根本思想。大同主義的社會組織是藝術的社會組織法。它的組織和管理是藝術的、音樂的管理，孔家的禮樂就是藝術國唯一的建國方針。他以「情」來解釋儒家之仁，以「自然法」來解釋儒家之禮。禮是外在的行爲，樂是內心和諧。樂中有禮，禮中有樂。

大同社會是一種「分藝聯群」。「分藝」就是依據藝術的分工，分爲不同的「藝能團體」。這些團體互相扶助，分任他們的藝術事業，成年男女，也須受若干年的藝術教育。勞動成爲藝術、一種創造的愉快和享受：「人們的自由勞動，都是無所爲而爲，並且都是建設於藝術上的分工制度上面。」〔註72〕設想一切產業都是藝術，一切人都是藝術家。教育是藝術的教育，人生是藝術的人生，科學是藝術的科學，政治是藝術的政治，生產也是藝術的生

〔註71〕朱謙之：《大同共產主義》，《朱謙之文集》第一卷，福建教育出版社 2002 年版，第 518 頁。
〔註72〕朱謙之：《大同共產主義》，《朱謙之文集》第一卷，福建教育出版社 2002 年版，第 526 頁。

產。「聯群」就是基於每個人都是藝術家的基礎上的各個「藝能團體」的聯合社會組織。這是一個最大的「藝術國」，其中「音樂的團體」是最有藝術本領的中心組織。

這個大同社會實行土地分區制，在鄉村施行井田制，在都市公平分配，廢除資本私有制和私有買賣；在政治上施行藝能選舉制，以藝術為本位，選舉最有藝術本領的人；建設委員會式的組織來管理，這個委員會由事務院、教育院、音樂院、平和院（相當於國防部）、禮制院和工藝院六個機關組成。

從上可見，朱謙之的「藝術組織法」的大同社會設想對傳統儒家禮樂教化思想作了大量改造，同時又以藝術為本位觀念加以復合，形成了近代中國一種奇特的空想性社會理想。

五是在實現途徑上，他把孫中山的三民主義和傳統哲學結合起來，希望通過三民主義的實現走向其大同理想世界。他認為中國和亞洲殖民地國家應該走「民族階級鬥爭」，解決民族生死存亡的問題，反對中國共產黨的國內階級鬥爭論。他認為世界革命可以分為兩種，一種是西方的無產階級反對資產階級的革命，另一種是民族革命，是殖民地半殖民地反對帝國主義的革命。以這種區分為前提，他贊成孫中山的三民主義和國民黨，反對共產黨的無產階級革命。他認為相對於西方社會的資產階級來說，中國沒有無產階級和資產階級，二者只是「小貧」和「大貧」。

並且，他認為亞洲的革命，是用中國的王道的方法，即「和平的革命」方法，用仁義道德文化來感化人，而不是俄國式的暴力革命。幻想以「愛」來改變世界，「『世間的被救，不以刀而以愛。』只有這個『愛』字才是亞洲到達大同的坦坦大道，只有這個『愛』字才是全人類的福音。」〔註73〕他把「愛」作為東方文化的精神根本，倡導和平革命。具體的就是，一方面在積極發展傳播大同主義的精神，希望改變人們的觀念，強權自然消滅；一方面消極地抵抗，採取不合作的方法，以善勝惡。他希望用「無強權的方法」，避免暴力革命，幻想人人都參加改造這個事業，以完成「真情政治」。他認為這種政治不是法治，也不是「無治」，而是一種真正的「人的生活」，這種社會以人的真情的實現，使人人都快活安樂，物質充裕，精神幸福。

〔註73〕 朱謙之：《到大同的路》，《朱謙之文集》第一卷，福建教育出版社2002年版，第657頁。

三、唯情哲學的理論價值：對儒家思想的發展

（一）建構形而上本體論哲學的嘗試

當虛無主義思想走向盡頭後，朱謙之努力創建的以「情」爲本的唯情哲學也是另一種新的哲學創建的嘗試。並且，他的唯情哲學也是爲追求自由和真理而進行的普遍性理論建構。前文已述，這個時期他對中國傳統哲學上的學術探討也是爲自己哲學理論的構建服務的，他的思想資源除了受西學的影響外，道家、佛家與儒家思想對其虛無主義的虛無本體和真情哲學的「真情之流」本體的終極說明奠定了最深厚的思想基礎。隨著西方進化論日益深入人心和得到共識，朱謙之從無政府主義到虛無主義的思路也有對進化論思維的運用，但又不是通常的社會歷史觀上的進化論，而是從宇宙觀、本體論上運用進化論的思路。進化論已經深入朱謙之的思想意識中，他在對進化的方向上試圖與對普遍性、絕對性的真理觀相聯結，而造成了對傳統文化創造性闡釋後轉化而來的虛無主義；對虛無本體的否定性思路運用到極限之後，他又在前期虛無主義流行進化說的「從無到有」的思路中，參照儒家思想並對儒學的「情」和「仁」等核心概念的重新闡釋，發展出了唯情哲學。朱謙之從虛無主義到唯情哲學的理論建立，從虛無主義否認現實到唯情哲學信仰一切的改變，實際上是一種逐漸參照、模仿西方文明發展出來的那種獨斷論式的真理觀的思想痕跡，他的理論也是以進化論、自由、平等、進步等時代觀念來架構一種世界觀，並且作爲絕對真理來信仰。他的「真情之流」這一非理性本體論的建立，糅合了中國傳統的道家、儒家思想，使他的理論帶著發展民族文化的特色。他的這種理論建構的嘗試無疑是非常有意義的。

（二）對儒家思想的發展

唯情哲學實際上對儒家思想做了一定程度上的發展。就像他的虛無主義尋求老子思想作爲理論支撐一樣，「真情之流」的唯情哲學也主要尋求另一傳統文化資源儒家孔子思想來做支撐和依據。朱謙之認爲自己的真情所認識的就是孔家的真理，把孔子看作唯情論者。他聲稱「真情」才是儒家的真義，而《周易》就是他闡發自己唯情哲學的主要思想資源。他說：「我這套唯情哲學，雖由於心的經驗，但也不爲無本，大概都具於《周易》中。《周易》告訴我們，宇宙萬物都是時時刻刻在那裡邊變化，而爲學的方法，也只是簡簡單單的要『復以見天地之心』。這麼一來，可見《周易》費卻多少說話，畢竟是

我的；我由千辛萬苦得來的，也不過這一些東西，可見我的學就是《周易》的學，──孔聖傳來的學，這無可諱言。」〔註74〕可見，他以「六經注我」的方式把自己的學說定義為儒家的本來思想，認為自己所說的就是孔聖學說。

他通過闡發《周易》的變化思想，對「情」做了重要的發揮。正是這一真情本體論的確立，使他對傳統儒學有了新的理解。他用這個本體論意義上的真情之流來解釋萬物的起源和儒家的核心觀念「仁」，把「仁」解釋為「真情之流」在人身上的體現，孔門的「求仁」就是「復情」，達到「我和天地萬物渾然一體」的境界。儒家的「愛」、「敬」、「惻隱」之心都是真情之流的表現。朱謙之把「真情」本體絕對化，建立了主體根源於本體之「真情」的意義，這是一種人性的本體性論證。從本體之「真情」化生萬物（包括人），從而有了人具備「仁」的根本說明。這種思路是對儒家觀念的新的闡發，也與老子宇宙生成論的思路一致。老子講的道生萬物，「萬物負陰而抱陽，沖氣以為和」的生成論思維被運用在唯情哲學中。

總體上看，朱謙之對儒家思想的繼承與發展有：

一是唯情哲學認為「情」是人先天具有的，把蘊涵在人身上的「情」發揮出來就是「仁」的實現，就是人性的善的實現，這既對傳統儒學的人性論做了一定的拓展，也對現實個體有規範作用。孔子那裡的「情」主要是人的「親親之情」以及放大為從仁心出發去關愛他人的情感，這是一種基於人之常情的善。孟子也認為人本來具有的「親親」之情就是「仁」（「親親，仁也。」《孟子·盡心上》），把這種本然之情發揮出來就是善。這些還沒有明確地上升為從本體論層次來說明「情」。

唯情哲學把「仁」解釋為「真情之流」在人身上的體現，孔門的「求仁」就是「復情」。唯情哲學確立了「真情之流」體用合一的本體論意義，從宇宙生成論上解決了虛無主義「從無到有」的理論缺陷，確立了真情的先天性，解決了人性問題的根本。他認為宇宙就是渾一的真情之流，把真情之流的本質定義為：自然而然，真實無妄，變動不息，絕對無二，本有不無，穩靜平衡。真情之流在空間上充塞宇宙，在時間上沒有間斷，他說：「原來天地之大，萬物之眾，他往來古今，生生入死的變化，永遠沒有間斷的，只是這真情之

〔註74〕朱謙之：《周易哲學》，《朱謙之文集》第三卷，福建教育出版社 2002 年版，第 101 頁。

流。」〔註75〕從宇宙大全中建立了自然天理流行的眞理觀，人性的善就像「眞情之流」一樣自然，它不僅是先天的，也是後天可以通過體會而感通的，這樣從現實人生中就可以實現生命的本質，實際上是爲個體生命建立了精神安頓之所。

二是唯情哲學借助蘊涵在個人身上的「眞情之流」，說明人能夠做到與天地萬物爲一體，爲個體生命指明了價值方向，這也是傳統天人合一價值觀的體現。唯情哲學的傳統性體現在：重視宇宙人生的根源性與人的感通性，保持人的自然眞性常情，從本體論直接導出價值論。

唯情哲學重視人與天的感通性，人能合天的思想，與《中庸》「天命之謂性，率性之謂道」的由「天命」及「性」的天人感通性是一致的。《中庸》還說：「能盡其性，則能盡人之性；能盡人之性，則能盡物之性；能盡物之性，則可以贊天地之化育；可以贊天地之化育，則可以與天地參矣。」這種「盡性」論，是與天地一致的天人合一思想。同一時期的先秦郭店楚簡《性自命出》也強調這種天人感通性。雖然《性自命出》在歷史上的實際影響很短，也說明了先秦哲學的思想觀念。《性自命出》有「性自命出，命自天降，道始於情，情生於性」的說法，這裡由「天」到「命」，再到「性」，由「性」之「情」，再到「道」，保持了天人的感通性，天對人的根源性以及人合於天的觀念。

唯情哲學用「眞情」流行天地之間，打通了天與人的界限，也說明了天與人的感通性、一致性，這與儒學的天人合一的思路是一致的。不同的是，他把這個眞情賦予了本體論的意義，他把「眞情」本體絕對化，建立了主體根源於本體之「眞情」的意義，這是一種人性的本體性論證。

唯情哲學強調「眞情」的可貴，人按照自己的眞情自然而然地去做，就回歸了自然本性，達到與天地萬物爲一體，這與先秦儒家的思想有一致之處。如《性自命出》重視人的自然之情，說：「凡人情爲可悅也。苟以其情，雖過不惡。不以其情，雖難不貴。苟有其情，雖未之爲，斯人信矣。未言而信，有美情者也。」實際上也是一種重視人的自然之情的論證。

三是聖人與普通人都具有這一點「情」，所以沒有本性的區別，人與人都是平等的，都可以通過自身的「情」把握絕對眞理，這樣就具有了更多的現

〔註75〕　朱謙之：《周易哲學》，《朱謙之文集》第三卷，福建教育出版社 2002 年版，第 117 頁。

代文明的人與人平等的意義。試看下面的話：

> 乾元與仁，都是「眞情之流」的別名，在天地萬物就發育峻極的，便喚做元，在人身上就自然隨感而應的，使喚做仁，所以孔門之學以求仁爲宗，求仁就是所以復情，勘破時就我和天地萬物渾然一體。眞如日月之照，如雲之行，如水之流，活潑潑的都是這渾然一體！譬如「孩提之童無不知愛其親，及其長也，無不知敬其兄」，不慮而知，不學而能，渾然親長一體的，就是渾然天地萬物一體的「眞情之流」了。今人乍見孺子將入於井，怵惕惻隱而不自知覺，渾然孺子一體的，這就是渾然天地萬物一體的「眞情之流」了。所以程明道說：「仁者以天地萬物爲一體」，《論語》說：「一日克己復禮，天下歸仁焉」，人們日用間種種應酬，充周於未發，條理於發見，都是和天地合德，日月合明，我們不要只於身外求「眞情之流」，須知身內都是「眞情之流」，渾合無間，本沒有內外，這才是「眞情之流」的眞相！我們何必自己間斷分別他呢？」〔註76〕

> 其實人之所與天地同者，全在此「情」，聖人指點仁體，每說「仁者人也」，又說「君子之道本諸身，征諸庶民」，正說我是個人，大家也是個人，我是這點「情」，大家也是這點「情」，說宇宙只是一個「眞情之流」，所以「情」就是宇宙的本體，生人的命脈，從這些子結聚方成人，故人生來便會愛敬，「惻怛慈愛之眞，盎然溢於一腔，誠感誠應之妙，沛然達諸天下，」這麼一來，就通天地萬有而爲一人，所謂「仁者以天地萬物爲一體」，如是如是。〔註77〕

這是以眞情爲宇宙之本，人人都具有「情」，也就是有「仁」存在於心，人按照自己的眞情自然而然地去做，就回歸了自然本性，達到與天地萬物爲一體，實現了眞生命的善。

朱謙之從「眞情之流」來解讀「仁」的意義，對「仁」的先天性、本源性，人與外物的感通性都做了說明。正如曾德雄所言，朱謙之承接孟子和王陽明，但方法已經全新；「仁」也已經被朱謙之統攝到眞情之流中，而帶有先

〔註76〕 朱謙之：《周易哲學》，《朱謙之文集》第三卷，福建教育出版社 2002 年版，第 118 頁。

〔註77〕 朱謙之：《一個唯情論者的宇宙觀和人生觀》，《朱謙之文集》第一卷，福建教育出版社 2002 年版，第 483 頁。

天性；人只需順應這眞情就是得「仁」而沒有障礙，避免了頓悟說的神秘色彩；朱謙之「以『仁』作爲人的本體，以對外物的體察與關切作爲人之本體的實現，這其實已經使人凌駕於萬物之上，獲得先定的獨立與崇高。人的至尊無匹，在朱謙之這裡獲得了理論上的解決。這一點，是鮮見於先賢的」〔註78〕。朱謙之把「求仁」解釋爲「復情」，仁的先天性在「眞情之流」貫徹本體與現象的普遍性中得到了保證，同時也說明了仁的本源性。人本身因爲稟賦眞情，所以人與天地萬物的感通性也是自然而然的。這種人與萬物的感通並不需要向身外尋找，而是人本來就具有的，是靠思想的覺悟，所以，這也是一種境界論思想。

　　四是唯情哲學不僅肯定了現實社會的一定合理性，而且提供了更好的社會理想目標，爲個人生命提供了一個重要的意義和價值，對個體生命在本體論、人性論、人生觀和政治理想上都有一種關照。唯情哲學重新發現人的本眞之情，回歸人本身也是當時批判傳統整體性、回歸個體性的表現。虛無主義雖然主張過一種宇宙的生活，但什麼是宇宙生活，朱謙之並沒有爲個人提供詳細的可實行的方法。唯情哲學中一面在本體論、人性論上把自然、善等作爲對個體生命意義根本的理論說明，一面又對現實中追求個人的快樂和愛情的行爲提供具體方法和理論說明，並且提供了「眞情政治」的大同理想目標。現實中的個體不論什麼地位、身份都具有天然的「情」，個體通過體認自身的「情」就完全可以在現實中實現本性，達到相應的境界，爲人性的善的充分展開提供了實現的可能。個體眞情表現出來就是眞我的實現，達到絕對的自由。現實中個體的惡都是可以化解的、改變的，「惡」只是遲鈍了點，不曾發現自己的善的本性。個體通過愛來追求快樂，就是實現自己的眞情，也實現了人的本性。

　　不過，我們應該看到朱謙之在這裡發揮儒學並不是自覺地弘揚儒學，而只是爲探尋普遍性的唯情哲學眞理闡發了儒家的基本觀念。他認爲自己所闡發的「情」就是儒家學說的精髓，實際上對儒學做了重要的推動。

　　所以，朱謙之「眞情之流」唯情哲學的建立並不是簡單地繼承傳統，而是在對傳統的重新闡釋中的轉化性的創造，並且這種創造是在西學衝擊的思想背景中，對無政府主義思潮的哲學抽象後的本體論再建的嘗試。傳統社會

─────────────

〔註78〕　曾德雄：《朱謙之的仁論與儒學的承續》，《廣東社會科學》1996 年第 2 期，第81 頁。

是一種舊的理性化、秩序化的表徵，正是個人人性得不到普遍解放、個人不幸福、社會不進步的原因，朱謙之的唯情哲學受當時傳入中國的叔本華、哈特曼、尼采、柏格森等西方唯意志主義與生命哲學的影響，結合傳統建立了以「情感」爲本體的唯意志主義，正是一種對傳統理性的批判，也是「五四」運動從非理性、反秩序化開始的啓蒙表現。突破原先的舊秩序、舊理念，首先訴諸情感、意志等非理性也是一種人類理性發展的表現。朱謙之從先前的無政府主義到虛無主義的邏輯理性推演，轉變爲非理性的眞情之流的純粹信仰式本體論說明的思路，也正是這種突破中的一個表現。不過突破還是要走向建立，「眞情之流」在本體論意義上的建立正是一種非理性理性化的後果，反映了「五四」運動反傳統正是要啓蒙之後再建立新的社會秩序、社會制度的現實訴求。

另外，我們應該看到，朱謙之的藝術性的大同理想社會，是在他的唯情哲學的基礎上的理論設想，以本體之情來規範現實，希望解放個人在現實中的束縛，追求自由發展的社會，體現了美好的人類願望，卻在現實中找不到合理的實現途徑，帶有明顯的空想性。他把希望寄託在以三民主義爲基礎的國民黨身上，反對中國共產黨的無產階級革命，這都是沒有看清中國社會的階級實質所致。同時他還從眞情之本出發，幻想通過「愛」和「和平革命」來達到大同社會，都是一種政治幼稚和空想。朱謙之從對無政府主義的灰心失望，到個人主義式革命的沒有出路，從而歌頌愛、信仰等理念，實際上從一個側面也反映了他對現實的某種逃避和對現實社會認識的模糊。

（三）唯情哲學對其後期研究的影響

唯情哲學思想形成並在《周易哲學》一書發表後，緊接著的著作《系統哲學導言》、《唯情政治發端》、《一個唯情論者的宇宙觀及人生觀》都進一步闡發了這種思想，之後他轉入歷史哲學的研究，也是爲了「充分給唯情哲學以歷史發達的基礎」﹝註79﹞。他從唯情哲學的觀點出發，反對當時的學校教育，認爲是「國家主義教育」，認爲只要人類情感發達，國家界限就可以「撤去」，從而達到大同世界了。這種思想在現實中看不到出路，他自己只好放棄教職，與愛人過「吟風弄月，傍花隨柳」的隱居生活。之後到日本，開始進行歷史哲學的研究，也是看到社會革命的潮流，希望探尋歷史前進的方向，

﹝註79﹞朱謙之：《朱謙之文集》第一卷，福建教育出版社2002年版，第62頁。

這與他的唯情哲學設想的政治理想社會也是分不開的。回國後在中大提倡現代史學運動的學術活動，正是這一思想的延續。1935 年，朱謙之與何絳雲結婚後有這樣的思想：「而著作和戀愛，由我看來，正是一個生活之兩面，戀愛是著作之母，著作卻把戀愛純化 Subimation 了，只有愛的體驗才能表現生命，創造生命的副產物。」〔註80〕這還是唯情哲學的戀愛觀。

抗日戰爭時期的時局維艱，最大地觸動了朱謙之，使其思想從「五四」時期形成的關注個人的思想轉變爲關注國家命運，從虛無主義思想時期形成的並且在唯情哲學中還一直存在的唯我主義徹底轉變了。他 1945 年寫的《奮鬥廿年》中講到：「我本是『五四』時代的新青年，曾爲五四時代的新倫理而戰，現在卻要再做一個抗戰建國時代的新青年了。因此我未來的命運，將毅然決然，再爲抗戰建國時代的新倫理而戰。……因此我敢宣告唯我主義的死刑了。我之爲我，應該不僅對中國存亡負責，並對世界安危負責，我之爲我，應該是中國的同時也是世界的，我的奮鬥應該成爲世界歷史的個人，那麼，我更要徹底溶化自身於中國之中，世界之中，而後我的登場，乃是世界史的個人的登場，而後我的命運才是世界史的命運了。」〔註81〕從這段話可見，這裡是把個人作爲世界的個人，但是首先是國家的個人了，民族的命運已經使其思想做了徹底的改變。抗日戰爭結束直到建國後，他逐漸學習馬克思主義，唯情哲學已經離他遠去了。

〔註80〕 朱謙之：《朱謙之文集》第一卷，福建教育出版社 2002 年版，第 82 頁。
〔註81〕 朱謙之：《朱謙之文集》第一卷，福建教育出版社 2002 年版，第 85 頁。

第二章　中國哲學史研究

　　第一章考察了朱謙之主要以中國哲學史上的思想資源為基礎，進行哲學理論的創建，這種考察實際上使我們清楚了朱謙之對哲學史研究的關注點，是以探索真理、自由等問題為核心的。以此視野為基礎，本章主要考察朱謙之的中國哲學史研究，主要涉及道家、儒家、佛教、墨家以及中國哲學通史研究、中國哲學史史料學研究等方面。從中國哲學史的研究情況看，老、莊哲學是他研究的重心，這與他前期探討真理、自由問題的思想趣向是分不開的。具體情況，大致如下：

　　其一，墨家研究主要是他的《別墨研究》一文，收錄於《謙之文存》（1926），他指的「別墨」，主要指的是《墨子》一書中的《經》上下、《經說》上下、《大取》、《小取》六篇，學術界一般認為是墨家後學的著作。「別墨」這一名稱最早應是《莊子·天下》篇提出來的：「相里勤之弟子五侯之徒，南方之墨者苦獲、已齒，鄧陵子之屬，俱誦《墨經》，而倍譎不同，相謂別墨。以堅白同異之辯相訾，以奇偶不仵之辭相應。以鉅子為聖人，皆願為之尸，冀得為其後世，至今不決。」《韓非子·顯學》也稱：「自墨子之死也，有相里氏之墨，有相夫氏之墨，有鄧陵子之墨」。《莊子·天下》這裡提到「相里勤」、「鄧陵子」與《韓非子·顯學》中提到的「相里氏」、「鄧陵子」是相同的，所以，《莊子·天下》篇的意思明顯，「別墨」是墨子之後的相里勤、南方的墨者、鄧陵子這些人，「以堅白同異之辯相訾，以奇偶不仵之辭相應」的一派人，這些人自願奉墨子為聖人，繼承墨子的事業。胡適在他的《中國哲學史大綱》裏講到，這六篇：「不是墨子的書，也不是墨者記墨子學說的書。我以為這六篇就是《莊子·天下》篇所說的『別墨』做的。這六

篇中的學問，決不是墨子時代所能發生的。況且其中所說和惠施、公孫龍最為接近。惠施、公孫龍的學說差不多全在這六篇裏面。所以我認為這六篇是惠施、公孫龍時代的『別墨』做的。」〔註1〕

朱謙之贊成胡適把這六篇墨辯與墨子學說分開來，但還是批判了胡適肯定墨子的「天志」「三表法」等思想。他認為這六篇是「科學的墨學」——別墨，而墨子是「宗教的墨學」。同時，他還闡述了學者在墨學的學脈傳授上的認識錯誤。他批判了梁啓超在《墨學派別表》的錯誤，指出孫詒讓、梁啓超、胡適等人把惠施、公孫龍作為「祖述墨學」的後學的錯誤。他引述章行嚴的《名墨訾應論》的觀點，認為墨家和惠施、公孫龍截然不可混同，《墨經》是反對惠施、公孫龍的詭辯的。他認為墨子是「宗教的邏輯」，別墨是「科學的方法」，惠施、公孫龍作為戰國時代的「詭辯學派」是「哲學的辯證法」。

朱謙之用現代哲學的方法論論述了「別墨」的科學的知識論、宇宙觀、人生觀、政治哲學。關於別墨的科學的知識論，他論述了《墨經》中所述的求知的方法，主要是：知，材也；慮，求也；知，接也；恕（即心知），明也。還有關於知識的來源：聞知、說知、親知，關於知識的實際應用。關於別墨的宇宙觀，他說是科學家的宇宙觀，主要表現在對時間無窮長和空間無窮大上，即「宙」、「宇」。關於別墨的人生觀，包括對生命的看法，認為生命是包括物質和精神兩方面（「生，形與知處也。」《經上》），並且生命一定會死（「生，形之生常不可必也。」《經說上》）；別墨對天下人幸福的樂利主義。關於別墨的政治哲學，與墨子從上而下的「神權政治」不同，別墨是從下而上的、傾向於「平民政治」，人民相約立了君主，君主也應該利益於民。這些具體內容，學術界解釋已經很多，本文這裏就不再詳細論述了。

其二，儒家思想的研究，在上一章裏可以看到，《周易哲學》以及關於孔子的思想研究等，都是為他的唯情哲學服務的；其他的儒家思想的論述，主要是認為儒家的思想方法是中國思想方法的代表，見《中國思想方法論綱——知行問題》〔註2〕一文與《中國思想方法問題》〔註3〕一書，他認為《大學》的「格物致知說」是儒家思想方法的代表，中國思想方法的發展，實際

〔註 1〕 胡適：《中國哲學史大綱》，上海古籍出版社 1997 年 12 月版，第 109 頁。

〔註 2〕 朱謙之：《中國思想方法論綱——知行問題》，原載《中山學報》第一卷第一期，現收入《朱謙之文集》第二卷。

〔註 3〕 朱謙之：《中國思想方法問題》，雲南曲江：民族文化出版社，1941 年版，「民族文化叢書·學術叢書」第一種。現收入《朱謙之文集》第三卷。

就是「格物說」的發展。他認爲中國思想方法的集大成者就是孫中山。孫中山對「知難行易說」作了主知與主行的現代解釋,《孫文學說》一書就代表了「現代的中國思想方法」。關於中國思想方法發展史,儒家雖然非常重要,但只是歸結爲儒家的「知行問題」,未免抹煞了歷史上思想方法的多樣性。這些探討本文這裡就不再論述了。

其三,佛教思想因爲沒有專門的論述,只有《韓國禪教史》與《中國禪學思想史》兩本譯本,上一章已經指出,佛教思想尤其是禪宗的思想,是他創建哲學理論的思想資源,這裡就不再論述。

其四,朱謙之的中國哲學史研究最有特色的是對道家的研究。從朱謙之的學術成果中可以看到,道家哲學的研究在朱謙之的中國哲學史研究中佔有很重要的比重,而其中的重點主要是老、莊。

他在當時的老、莊學的研究中提出了自己的獨特看法,在方法論上也提出了分派研究法。從 20 世紀 20 年代朱謙之開始探討哲學一直到 50 年代末,近 40 年的時間裏,他一直有關於老、莊的著述。其相關著述有:1922 年的《古學卮言》中的《周秦諸子學統述》,1926 年《謙之文存》中的《莊子研究》一篇,1949 年的手稿《莊子哲學》及附錄《老子新探》,1955 年定稿的《老子哲學》,以及 1958 年出版的《老子校釋》、1957 年整理成冊的《中國哲學史史料學》中涉及的道家哲學史史料的整理和研究等。其中創見不少,《老子校釋》的學術價值也得到學術界的公認。學術界對朱謙之的道家研究,除了肯定其《老子校釋》的價值外,對他的道家研究也有關注,如羅檢秋的《朱謙之與道家》〔註4〕一文,該文主要探討了道家思想在朱謙之學術研究中的重要性,作者從當時代的背景著手,認爲朱謙之的思想適應「五四」新文化的潮流,在當時有積極的意義。羅檢秋指出:朱謙之學術上、思想上均與道家密不可分;肯定了《老子校釋》的學術價值;他的思想獨具特色,並非無政府主義所能概括;他的「無元哲學」和以絕對自由與平等爲核心的社會政治也受道家的影響。不過,作者主要指出了道家對朱謙之學術、思想的影響,並沒有很詳細地研究朱謙之在道家研究上的特色。

從早期借助老、莊思想闡發虛無主義到後來的文本校釋、哲理探討,可以看到不同時期朱謙之對道家思想的運用和道家思想對他的影響。不過,伴

〔註 4〕 羅檢秋:《朱謙之與道家》,陳鼓應主編:《道家文化研究》第二十輯,三聯書店 2003 年 9 月版。

隨他幾乎一生的老、莊哲學探討顯然不僅僅是學理研究，而體現著他對「自由」這一根本理念的追求以及他的政治理想。獲得自由是他的最主要目的，他在《革命哲學》中說：「我深信自由，是比平等，博愛重要得多，如社會黨人專向平等方面去主張，結果把國家來壓迫個人，這是根本錯誤的。……而真正的平等，博愛，必需到那融合人我，無差別的境界內，方能獲得。換句話說，平等、博愛，到了極端，都只是不可說的『無』都融化於自由當中了。……我的革命主義，完全是以自由為依據，是建築在自由上面的。」〔註5〕正如羅檢秋《朱謙之與道家》一文中所言：朱謙之從人的自然本性反對組織和政府國家，與一般的無政府主義不同，而類似於道家思想行為。他說：「像老莊一樣，朱謙之的社會思想中，『自由』處於主導和統攝地位。」〔註6〕在五四新文化運動中，他的這種中西結合的絕對自由思想有力地衝擊了舊思想、舊文化，反映了激進人士要求突破思想壓制和傳統習慣的強烈願望，不過這種空想性的自由思想終究沒有現實的土壤。如前所述，朱謙之 20 世紀 20 年代闡述自己的虛無主義和革命思想，老莊道家思想資源發揮了重要的作用。後來他逐漸回歸道家原典文本，解釋原意，注重學術性的探討。

朱謙之對老、莊的研究可以分為早期（主要是 20 世紀 20 年代）和後期（主要是 20 世紀 50 年代左右）兩個階段。早期研究有幾個特點：一是關注宇宙本體論的普遍真理，重視老子的辯證法思想和無名論；二是與其虛無主義思想密切相關；三是注重方法論的探討；四是虛無主義的政治幻想也與老子的向後退的社會主張思路有一致之處。這個時期他借助老莊自由思想並糅合了西方無政府主義等來闡發虛無主義，要求無政府、無法律、無道德、無宗教的自由，認為革命就是獲得自由的惟一方法，他要的這種絕對的自由是達到天翻地覆人類滅種的大虛無。他結合西方多種思潮形成的這種虛無主義遠遠超過了老莊精神境界式的自由思想，所以，他早期的老莊研究主要是一種思想資源的利用。在後期的《莊子哲學》、《老子校釋》與《老子哲學》的學術性價值凸顯出來，也有了自己的獨特創建，提出了分派研究法，對老莊的思想闡述和把握也很精彩。老、莊兩部分本章放在第一節、第二節來詳細論述。

〔註 5〕 朱謙之：《革命哲學》，《朱謙之文集》第一卷，福建教育出版社 2002 年版，第 348 頁。

〔註 6〕 羅檢秋：《朱謙之與道家》，陳鼓應主編：《道家文化研究》第二十輯，三聯書店 2003 年 9 月版，第 516 頁。

　　其五，朱謙之的中國哲學通史研究，主要是建國後寫作的《中國哲學史提綱》（1953 年油印本）與《中國哲學史簡編》（合訂精裝 6 冊，1960 年 9～12 月稿本），是 20 世紀 50 年代比較早的用馬克思主義思想為指導，研究中國哲學史的有益嘗試之一。《中國哲學史提綱》只是比較簡略地勾勒了中國古代哲學思想從春秋到清代的封建社會的哲學發展史，約 10 萬字。《中國哲學史簡編》（合訂精裝 6 冊，1960 年 9～12 月稿本）據黃心川講大約有 200 萬字，黃心川說：「《中國哲學史簡編》最早注意到少數民族的哲學寶藏，列有專章研究，而且在很多中國哲學的傳統問題上，有很多新穎的、獨特的見解。」〔註 7〕這裡值得注意的就是朱謙之有對少數民族的哲學的論述，可惜現在沒有出版。本文只能從《中國哲學史提綱》來把握朱謙之的中國哲學通史研究。另外，朱謙之的《中國哲學史史料學》（北大圖書館油印本，1957 年）是近代以來學術界有關的最早的專論中國哲學史史料學的著作之一，〔註 8〕是其 20 世紀 50 年代在北京大學講課的講稿，1957 年整理成冊。他主要是進行了專題性的論述。這兩部分內容，在本章第三節、第四節詳細論述。

第一節　老子哲學的研究

　　在早年的《周秦諸子學統述》中，朱謙之試圖闡明先秦諸子的學術淵源是老子之學。他首先說明先秦諸子之學皆原於一，進而認為「周秦諸子，雖千差萬殊，其出於道者一也」。〔註 9〕他把道家之學認做諸子之學的學術淵源，認為儒家、陰陽家、法家、名家、墨家、縱橫家、雜家、農家、小說家、辭章家、兵家、數術家、醫家、房中家、神仙家、道家等十六家學術都是出自老子：「自老氏之學，散而為周秦之子。」〔註 10〕進而認為兩漢直到他所生活

〔註 7〕　黃心川：《序》，《朱謙之文集》第一卷，福建教育出版社 2002 年版，第 3 頁。
〔註 8〕　其他的有：馮友蘭：《中國哲學史史料學初稿》，上海人民出版社 1962 年版；張岱年：《中國哲學史史料學》，三聯書店 1982 年版；劉建國：《中國哲學史史料學概要》，吉林人民出版社 1983 年版；蕭萐父：《中國哲學史史料源流舉要》，武漢大學出版社 1998 年版；劉文英主編：《中國哲學史史料學》，高等教育出版社 2002 年版；石峻：《中國哲學史史料學講義》，《石峻文存》，華夏出版社 2006 年版，此為石峻先生 1983 年以後上課的講稿，生前沒有出版。這些著作都比朱謙之的晚。
〔註 9〕　朱謙之：《朱謙之文集》第三卷，福建教育出版社 2002 年版，第 41 頁。
〔註 10〕　朱謙之：《朱謙之文集》第三卷，福建教育出版社 2002 年版，第 92 頁。

的時代的學術都是出於老子，「夫使上下數千年，皆老氏之緒餘」〔註11〕，把老子的「道」做爲諸子學術的根本。這也可以看出他在 20 年代前期虛無思想的主要思想來源和致思路向。

《老子新探》一文著於 1948 年 12 月，係《莊子哲學》一書的附錄，沒有發表過，1951 年曾作爲中山大學哲學系集體討論的資料，現在收入《朱謙之文集》第三卷。此文主要考證了《老子》一書的作者，把老子學劃分爲三派，分章考證了《老子》各章分屬的學派。

1953 年 10 月初稿、1955 年 4 月定稿的《老子哲學》一書，沒有發表過，現在收入《朱謙之文集》第三卷。此文除了在前文《老子新探》基礎上闡述老子的年代及其著作外，主要探討了老子的階級性，老子的認識論與思想方法，老子的世界觀，老子的歷史觀與人生觀，以及老子的政治理想，並以唯物史觀觀點對老子哲學進行了批判。

1957 年整理成冊的《中國哲學史史料學》中有關老子的部分主要是《老子》的成書年代、版本問題及好的校釋本子的介紹。其內容與《老子新探》、《老子哲學》和《老子校釋》表達的觀點一致。

1958 年出版的《老子校釋》係朱謙之 1954 年 12 月在北京大學時所作，1962 年有少許補注修訂。1958 年龍門聯合書店初版，1984 年中華書局重版。它以唐景龍二年《易州龍興觀道德經碑》爲底本，參校各種古本相互校訂所成，所據版本多達 105 種，考訂書目也多達 147 種。本書在選本、校勘、訓詁、音韻、方言諸方面多有特色，是繼馬敘倫的《老子校詁》，蔣錫昌的《老子校詁》後的重要老學成果。

從上可見，朱謙之對老子的研究持續很長時期，他的老子相關著作主要是校釋與哲學解讀，下面主要論述《老子校釋》的學術價值與他對老子哲學的研究，把握他的老子研究概況與貢獻。

一、《老子校釋》的價值

目前幾種重要的《老子》版本如楚簡本、帛書本、河上公本、王弼本、《易州龍興觀道德經碑》本等〔註12〕，其他諸本在歷史上的影響都不如王弼本，

〔註11〕朱謙之：《朱謙之文集》第三卷，福建教育出版社 2002 年版，第 95 頁。
〔註12〕如其他的有：簡本《郭店楚墓竹簡竹》的《老子》，文物出版社 1998 年版；帛書甲、乙本《老子》，高明的《帛書老子校注》，1997 年版；王弼本《老子》，樓宇烈的《王弼集校釋》，中華書局 1980 年版。

但是對於探討《老子》思想也是極其重要的。朱謙之的《老子校釋》是非常有分量的著作，它以唐景龍二年《易州龍興觀道德經碑》為底本，參校各種古本相互校訂所成，朱謙之自己書中所列的所據版本多達 105 種，考訂所用書目也多達 147 種，是目前比較好的本子。國內的哲學史史料學著作中一般都會提到這本書，它也是國內《老子》版本中的重要的代表作，受到學術界的重視〔註 13〕，國際上對其價值也給予了肯定。黃夏年說：「《老子校釋》因搜集版本之豐而在莫斯科召開的全世界漢學家會議上被一致推薦為最佳的研究著作。」〔註 14〕搜集資料豐富只是這本著作貢獻的一個方面，也許還不能說明它的真正價值。其真正價值應該在作者對文本校釋中的獨特的眼光與解釋上。下面從總體上論述幾點。

（一）他從校勘中得出《老子》的舊版本實際上是兩大系統：河上公本為代表的民間系統與王弼為代表的文人系統。這是從文本中的語言表現來說的。他說：「河上本近民間系統，文句簡古，其流派為景龍碑本、遂州碑本與敦煌本，多古字，亦雜俗俚。王本屬文人系統，文筆曉暢，其流派為蘇轍、陸希聲、吳澄諸本，多善屬文，而參錯已見，與古《老子》相遠。」〔註 15〕其他諸本，都是取捨於這兩個版本之間。古代《老子》版本中嚴遵本與傅奕本為好，而經過文字的比對，他指出「嚴遵本與河上本相接近，傅奕則為王弼本之發展。」〔註 16〕

對河上公本與王弼本的比較，他認為河上公本優於王弼本，其理由如下：一是河上本所用文字較古；二是河上本於義為優；三是河上本合韻；四是河上本於嚴遵本、景龍碑本、遂州碑本多相合，敦煌發現的六朝唐寫本是河上本的古鈔本；五是河上本較王本為早；六是王本多脫文。〔註 17〕並且，他指

〔註 13〕 如陳鼓應的《老子注譯及評價》（中華書局 1984 年版）即作為參考書目；孫雍長注譯的《老子注譯》（花城出版社 1998 年版）「序言」中論述到《老子》的版本時候，就引用朱謙之在《老子校釋》「序文」中關於河上公本與王弼本的分類的一大段話，認為「王弼本也自有其優點，並未盡如朱先生所論」，作者不完全贊同朱謙之的觀點，不過，可能是作者自己誤會了朱謙之的意思。朱謙之並沒有否認王弼本自身的優點，只是指出其版本文字上相對來說不如傅奕本。這也說明朱謙之的著作是大家都看重的。

〔註 14〕 黃夏年：《〈日本的古學及陽明學〉跋》，朱謙之：《日本的古學及陽明學》，人民出版社 2000 年版，第 391 頁。

〔註 15〕 朱謙之：《朱謙之文集》第三卷，福建教育出版社 2002 年版，第 410 頁。

〔註 16〕 朱謙之：《朱謙之文集》第三卷，福建教育出版社 2002 年版，第 410 頁。

〔註 17〕 朱謙之：《朱謙之文集》第三卷，福建教育出版社 2002 年版，第 411 頁。

出，河上公本也有北方傳本和南方傳本之區別，北方本以敦煌所見六朝唐寫本爲代表，南方本以日本奈良聖語藏的鎌倉舊抄《卷子》殘本及東北大學教授武內義雄所藏室町時代抄本爲代表。而河上本的北方本又優於南方本。

（二）關於《老子》分爲《道經》與《德經》兩篇的問題，朱謙之考察了古今版本，認爲漢唐故書均是分爲兩篇的。當然，由於時代所限，朱謙之看不到帛書《老子》甲、乙本的分篇與郭店楚墓竹簡《老子》的不分篇，但是，他做的考證也使我們清楚地瞭解了唐景龍碑分爲《道經》與《德經》篇的根據以及漢唐以來分篇的情況。不過，楚簡本的不分《道經》與《德經》和帛書本的區分爲兩篇，也使我們比較清楚，這種區分應該是在公元前 300 年的楚簡本到帛書《老子》甲本所代表的漢初之間的一百多年之間所做的。

（三）本書中，朱謙之也時常對文本進行哲理解讀，從中我們可以看到他運用唯物辯證法思想闡發老子思想。我們看兩點：

其一，他對道的理解可以概括爲：變化、無形、先天地。他從「變化」解釋「道」，從「道」與「常」相互結合中來把握「常」的可變性；並且，「道」是可說的，「名」是可以用文字界定的。《老子》開篇講：「道，可道，非常道；名，可名，非常名。」俞正燮〔註18〕認爲這裡的「道」是言詞，「名」是文字。朱謙之同意這種觀點，並發揮說：

> 蓋「道」者，變化之總名。與時遷移，應物變化，雖有變易，而有不易者在，此之謂常。
>
> 自解《老》者，偏於一面，以「常」爲不變不易之謂，可道可名則有變有易，不可道不可名則無變無易（林希逸語），於是可言之道爲不可言矣，可名之名，爲不可名矣。不知老聃所謂道，乃變動不居，周流六虛，既無永久不變之道，亦無永久不變之名。故以此處世，則無常心，「以百姓之心爲心」（四十九章）。以此應物，則「建之以常無有」（《莊子・天下篇》），言能常無、常有，不主故常也。不主故常，故曰非常。常有常無，故曰「覆命曰常」（十六章），「知和曰常」（五十五章），常即非常也。……天地之道，恒久而不已，四時變化，而能久成。若不可變、不可易，則安有所謂常者？〔註19〕

〔註18〕 俞正燮（1775～1840），清代學者，著作有《癸巳類稿》、《癸巳存稿》、《說文部緯校補》等書。

〔註19〕 朱謙之：《朱謙之文集》第三卷，福建教育出版社 2002 年版，第 427 頁。

　　這裡，他的意思，道就是變化的總稱，道也是變化的，沒有永久不變的道，「道」在不同的時空中的表現不一樣，「道」與不同時空中的萬物相互結合就表現為「常」。所以，「常」也是隨著「道」而變化的，「常即非常」。並且，「道」也是可以言說的，「名」也是可以用文字符號系統來界定的，只是「名」也是隨著時代變遷而有所變化的。這裡，朱謙之實際上否定了宋代林希逸機械地理解「常」為不變，從辯證法的角度把握了變與不變。

　　另外，他還把握了道的先天地而存在，如他在解釋《老子》第四章「吾不知誰子？象帝之先」說：「然而自本自根，未有天地而自古固存也。」〔註20〕他解釋《老子》第八章「處眾人之所惡，故幾於道」，把握水與道的關係中，強調水的有形與道的無形：「道者無形，而水猶有形，故水之利萬物與諸生，其為可見也，未能若道之無形施與也，故曰幾於道矣。」〔註21〕

　　其二，他以辯證法和矛盾的普遍性原理來解讀老子文本。在解釋《老子》第二章及「成功不居。夫唯不居，是以不去」這句話時，他從美與醜，善與惡，有與無，難與易等矛盾範疇中總結說：「蓋天下之物，未有無對待者，有矛盾斯有前進。」〔註22〕「天下之物，無處不有矛盾，即無處不在其對待之中各自動作。」〔註23〕書中也可以看到，他用唯物主義的思想來解釋，如他說：「『氣』字為華夏先哲之素樸唯物主義思想。」〔註24〕這都反映了朱謙之做此書時的思想以及學界思想狀況。

　　（四）在校讀《老子》的每一章後，他從用韻的情況加以說明，並在本書附錄一篇專門的「老子韻例」。關於《老子》的用韻情況，這在以前已經有學者做過，如劉師培的《老子韻表》，他認為是妄說不可信。他說：「余以為《道德》五千言，古之哲學詩也。既曰詩，即必可以歌，可以誦；其疾徐之節，清濁之和，雖不必盡同於《三百篇》，而或韻或否，則固有合於詩之例焉則無疑。」〔註25〕他經過比較，認為《老子》用韻的情況是與《詩經》有相同的有不同的，與《易傳》基本相同，又由於《老子》用楚國方言，為《離騷》的用韻開了端緒。經過總結後，他認為《老子》有二十四則韻例。由於

〔註20〕　朱謙之：《朱謙之文集》第三卷，福建教育出版社2002年版，第436頁。
〔註21〕　朱謙之：《朱謙之文集》第三卷，福建教育出版社2002年版，第443頁。
〔註22〕　朱謙之：《朱謙之文集》第三卷，福建教育出版社2002年版，第431頁。
〔註23〕　朱謙之：《朱謙之文集》第三卷，福建教育出版社2002年版，第432頁。
〔註24〕　朱謙之：《朱謙之文集》第三卷，福建教育出版社2002年版，第447頁。
〔註25〕　朱謙之：《朱謙之文集》第三卷，福建教育出版社2002年版，第611頁。

《老子》是哲學詩，所以用韻比《詩經》自由些。

　　《老子校釋》由於主要是考訂性著作，從這本著作我們也可以看到朱謙之在中國哲學史研究上所花費的工夫以及他深厚的學術功底。他對《老子》的考證爲我們留下了寶貴的解讀《老子》的文本資料，爲研究者把握《老子》思想提供了重要的參考，這一貢獻無疑是值得我們重視的。

二、老子學三派研究及分章考證

　　朱謙之在《老子新探》一文中認爲老聃、老萊子、太史儋均是《老子》一書的先後作者。他以此把老子學劃分爲三派：「老聃爲中派在先，老萊子爲右派次之，周太史儋爲左派，列最後。《老子》一書決不是一個老子所能作，乃爲經過長久期間，將老聃、老萊子、太史儋三家學說彙集而成一家之言。」〔註26〕「老聃爲中派，即正統派；老萊子爲右派，爲近儒派；太史儋爲左派，爲近法派。」〔註27〕他認爲正統派老聃偏於本體方面在先，右派老萊子偏於工夫方面在後，發明老聃之學，左派太史儋是預言家，屬於法術家者流。右派以老萊子爲代表，其思想特點是尊聖、講禮、尚道德、清淨無爲、言孝行、接近儒家爲道德家言、近唯心論；左派以太史儋爲代表，其思想特點是非聖、講兵、尚法術、刻苦奮鬥、言霸術、尚前知、接近法家、爲形名家言、近唯物論。左右二派皆淵源於老聃。「今本老子《道德經》，則爲以老聃之中派思想爲中心，兼包並容此左右二派之學說思想而成。」〔註28〕這種劃分方法現在看來無疑是很武斷的，不過他的劃分也不是完全沒有意義，使我們看到老子思想延伸的諸多層面。

　　以此思想劃分爲基礎，朱謙之分章考證了《老子》八十一章，劃分爲左、中、右三派：「合計中派二十八章，右派二十五章，左派十八章，共八十一章。若以時代考之，則中派之二十八章在先，右派之二十五章次之，左派之二十八章最後。若以思想的性質考之，則中派之二十八章注重宇宙觀，右派之二十五章注重人生觀，左派之二十八章注重社會政治觀。因其各有偏重之處，分開來固可自成其說，合攏起來，也能形成一個完整的思想體系，恰似一家之言。而且這三派，從思想方法上看，都是用辯證的方法。中派以辯證

〔註26〕　朱謙之：《朱謙之文集》第三卷，福建教育出版社 2002 年版，第 375 頁。
〔註27〕　朱謙之：《朱謙之文集》第三卷，福建教育出版社 2002 年版，第 377 頁。
〔註28〕　朱謙之：《朱謙之文集》第三卷，福建教育出版社 2002 年版，第 379 頁。

法說明宇宙的性質，是一有一無，『有無相生』。右派以辯證法說明人生的性質，是一動一靜，『吾以觀復』，一彼一此，『去彼取此』。左派以辯證法說明社會政治的性質，是一歙一張，一弱一強，一廢一興，一奪一與，……。因為老子學三派立論雖有矛盾，而可在辯證的方法裏統一起來，所以自來注家因了統一而省掉差別，而以老子俯視百家，認為絕對完整底一家言看了。」〔註29〕朱謙之這裡講的三派，分別從宇宙論、人生觀和政治觀來區分，實際上是對老子文本做了這三個方面的劃分。至於他講的左、中、右三派及其代表，未免顯得過於簡單武斷。

三、對老子哲學思想的研究

　　朱謙之對老子哲學思想的研究主要體現在《老子哲學》一書，集中討論了老子的階級性問題、認識論與思想方法、世界觀、歷史觀與人生觀以及政治思想等。五十年代，學術界對老子的爭論主要集中在幾點：一是老子其人其書的問題；二是老子的階級立場問題；三是老子的世界觀是唯物的還是唯心的問題。朱謙之對這些問題也給予了自己的看法。

　　關於老子其人其書的問題，在《老子新探》中他提出老子學三派劃分法，上文已經介紹了，此處不再多述。在《老子哲學》中他認為「老子思想的產生，是在孔子以前；而《老子》一書的完成，卻在孔子之後」〔註30〕，認為「《老子》一書思想雖產生於較孔子為年長之老聃，而《老子》一書的完成和普遍傳播，則在戰國時代。」〔註31〕當時學界如呂振羽在《中國政治思想史》中認為老子學說產生於春秋時代孔子前，侯外廬等中國思想通史派、范文瀾《中國通史簡編》認為產生於戰國時代孔子後。清代中期，汪中曾提出《老子》的作者是太史儋，20世紀20年代，梁啟超、羅根澤等人重提汪中舊說，並加以系統化，認為老子晚於孔子，馮友蘭也認為《老子》成於墨子之後，顧頡剛認為老子學說是戰國時思想。朱謙之的歷史分派研究法顯然比以上諸家更有說服力。實際上，1973年帛書《老子》出土後，同意老聃早於孔子的學者日漸增多，1993年郭店竹簡《老子》出土後，學術界更是比較一致地認為老聃思想應該是春秋末期，略早於孔子。

〔註29〕　朱謙之：《朱謙之文集》第三卷，福建教育出版社2002年版，第387～388頁。
〔註30〕　朱謙之：《朱謙之文集》第三卷，福建教育出版社2002年版，第389頁。
〔註31〕　朱謙之：《朱謙之文集》第三卷，福建教育出版社2002年版，第391頁。

關於老子的階級性問題，當時學術界基本一致認為老子學說是沒落階級思想的反映。朱謙之認為老聃是沒落的貴族，並且是沒落貴族出身的「士」——「隱士」。以此為基點，他認為就老子思想的階級性說道：「雖然不能和真正農民完全一樣，他的君人南面之術，也為統治者服務，但比較起來，這還不是他思想的主要方面；主要的老子思想，是他素樸的唯物主義和辯證法的成分，這是反映他以沒落貴族出身的隱士，而代表農民利益，是農村公社崩潰出來的農民思想的表現。」比較當時學術界的看法，朱謙之的看法比較細膩獨特。他認為老子思想是「農村公社崩潰出來的農民思想的表現」的評價，現在看來，除了「農村公社」的提法不恰當外，把老子思想作為農民思想的表現，也還是比較恰當的。如任繼愈先生晚年也認為「老子反映我國古代小農生活的理想畫卷」〔註32〕。但是他的觀點也有值得商榷的地方，比如說他把老子的「君人南面之術」認作不是老子思想的主要方面，而認為「素樸的唯物主義和辯證法的成分」是老子的思想，這些就主觀分割了老子思想。

關於老子的世界觀是唯物的還是唯心的，當時學術界有人認為是唯物的，也有人認為是唯心的，基本上是沒有定論。現在學術界不太關注這個問題了。任繼愈先生晚年曾對自己參加老子是唯物的還是唯心的討論評價道，當自己主張老子是唯物主義者，並沒有充分的證據把老子屬於唯心主義者的觀點駁倒，反之也亦然，「好像攻一個城，從正面攻，背面攻，都沒有攻下來。這就迫使我停下來考慮這個方法對不對。正面和背面兩方面都試驗過，都沒有做出令人信服的結論來，如果說方法不對，問題出在哪裏？我重新檢查了關於老子辯論的文章，實際上是檢查自己，如果雙方的論點都錯了，首先是我自己的方法錯了。」〔註33〕這段話實際上否定了對老子是唯物還是唯心的討論，認為用這種方法研究老子是錯的。朱謙之當時從道兼「有」與「無」兩方面分析出老子的世界觀是一種素樸的唯物論，是一種向「無」的世界看齊的「向後看」的方法，是沒落階層的社會意識的特點，標誌著老子唯物主義中的保守性和不進步性。這些評價帶著時代的烙印，無疑也有他一定的合理性。

〔註32〕任繼愈：《老子繹讀》，北京圖書館出版社 2006 年版，第 11 頁。

〔註33〕任繼愈：「我對《老子》認識的轉變」，《老子繹讀》，北京圖書館出版社 2006年版，第 254 頁。

　　朱謙之在詮釋老子文本時，力圖闡明其本來的思想面目，同時又自覺地把握當時學術界關注的主要問題，從這些問題入手來給予盡可能清晰的分析。他的這些成果當時雖然未能公開發表，現在看來也是非常有價值的。

　　朱謙之對老子學三派的劃分及分章考證主要是把老子思想和結構相結合來研究，這種方法的優點是很明顯的。他從縱向上把握了老子學的前後歷史演變，隨著時代的發展，說明了老子學隨著時代的發展，其後學的思想也各有側重，他以左中右三派思想的區分分別解釋文本中的矛盾之處，較好地解決了文本之間的思想衝突。不過，他以《史記》提到的三人老聃、老萊子、太史儋作爲《老子》一書既相聯繫又相區別的思想派別的代表，這樣雖然注意到了老子學的發展流變，卻沒有意識到老子本身思想的前後變化，因而考證還有待於進一步細緻化。如現在有學者指出，老子思想也經歷了三個發展階段，從位居守藏室之職的「尚禮」到「免而歸去」後反禮非聖，這樣就可以得出文本之間思想的差異不至於像朱謙之所講的時間跨度那麼大。

　　實際上，朱謙之的老子三派研究法與他對莊子分派研究方法是一致的，他在對老莊文本義理的闡述時注重這種分派方法論的應用，能夠較好地解決一些文本間的思想衝突問題；並且，他在這種分派方法論的應用中又注重文獻考證爲其基礎，使他的結論有很好的說服力。但是由於時代的局限，他不可能看到帛書本《老子》和楚簡本《老子》，有的結論還值得進一步推敲。不過他的義理分析、分派法的應用和文獻考證相結合的研究方法無疑是值得我們肯定的。

第二節　莊子哲學的研究

　　1926 年刊行的《謙之文存》中有一篇《莊子研究》的文章，朱謙之在此文中研究了莊子的宇宙觀、人生觀和政治觀，指出「莊子的宇宙觀人生觀和政治哲學，都只是一種『虛無思想』，所以『虛無主義』就是這一派哲學的最高目的」。〔註34〕這篇文章內容主要有幾個方面：一是他重視對莊子思想中方法論的揭示，認爲莊子的方法論一是無知，二是直覺。二是他從四個方面揭示了莊子的宇宙觀：「無」的本體論；唯心論；自然論；進化論（天均律）。三是他認爲莊子的人生觀是自然主義的人生觀，因而導致透脫生死，達觀而

〔註34〕朱謙之：《朱謙之文集》第二卷，福建教育出版社 2002 年版，第 88 頁。

樂天知命，實際上是一種反本復始主義。四是他認為莊子的政治哲學的根本觀念是「無為而治」，莊子不僅是一個無政府主義者，更是一個徹底的「虛無主義者」。這篇早年的文章為他後來研究莊子奠定了基礎，但是論述還比較簡單。不過此時的朱謙之已經從懷疑一切否定一切的虛無主義思想轉向信仰一切肯定當下的唯情哲學思想，所以此文中還是可以看到朱謙之借助對莊子的批判而呈現自己思想的轉變。比如他對莊子的「無為而治」的烏托邦政治理想世界批判道：「不過他們的理想，大概都是空想著太古時代的好處，而不積極的向文明進步著想，所以他們的無政府主義，可以叫做『空想的無政府主義』，和現在『無政府主義』不同。不過他們確是反對政治社會現狀的頂激烈的革命家，把他們的理想實現出來，不但沒有國家，並且沒有社會，他們理想中的天下，不過是一些赤裸裸的『自然人』，不識不知地散在地面上，天天吃飯睡覺罷了！不用器械，也不講交通，不要甲兵，也不要文字，連什麼知識學問，文物制度，都一齊廢掉。」〔註 35〕可見，懷疑現實的虛無主義思想已經離他遠去了。

　　1949 年朱謙之完成了《莊子哲學》一書〔註 36〕，此書的研究以《莊子研究》為基礎，結合他新的學術思想對莊子進行了系統的研究。書中的基本內容、觀點與《莊子研究》一文相比較有一致的地方，如：第四章形而上論理學所講之無知論、無名論、辯證法、直覺法，第五章宇宙哲學論述的本體論、唯心論、自然論、演化論（天均律），第七章人生哲學講的生死觀、處世哲學，第九章政治哲學的無治主義等，但也有了一些新的內容與特點：一是增加了部分篇章。前三章分別詳細論述和考證了莊子的生活時代及其著作背景；《莊子》一書的版本、篇目、內外篇之關係、各篇著作時代以及莊子哲學之淵源和特色等；增加了第六章歷史哲學、第八章莊子的神秘主義以及各章內容更加細緻化的研究等，這些都是《莊子研究》一文沒有的。二是他把自己在前期「文化哲學」、「歷史哲學」等的學術探討成果運用在《莊子哲學》的研究中；三是他糅合西方哲學政治思想與《莊子》思想進行對比分析，這其中也反映了他思想的轉變。下面主要以《莊子哲學》一書為主結合《莊子研究》一文評述兩點。

〔註35〕朱謙之：《朱謙之文集》第二卷，福建教育出版社 2002 年版，第 81 頁。
〔註36〕此書當時未出版，現在收入 2002 年出版的《朱謙之文集》第三卷中。

一、注重方法論的揭示

朱謙之重視對莊子思想中方法論的揭示，1926 年的《莊子研究》一文中他就做了相關的簡單探討，後來在 1949 年的《莊子哲學》一書中更是做了詳細的闡述。

在 1926 年的《莊子研究》一文中他認為莊子的方法論一是無知，二是直覺。他認為莊子哲學秉承老子的哲學方法論，其出發點是「無知」的方法，這也是超越語言要直達的本體。通過這種「無知」的方法，否定一切人為的知識，達到自然的世界；再通過懷疑主義的「以明」直覺法，達到「天地與我並生，萬物與我為一」的境界。他認為莊子的方法是為了達到這個最高的境界的，具體來說就是莊子對相對的處理用「兩行」法，不流於一偏之是非，同時能用「以明」的直覺法突破相對的束縛，直接達到絕對境界，這種認識與他唯情哲學的主張是一致的。

在 1949 年的《莊子哲學》一書中朱謙之進一步總結了老莊哲學的思想方法是一種形而上「論理學」〔註37〕；認為老莊「虛無哲學的根本方法，一個是『無知』，一個是『無名』」〔註38〕；其辯證法是「兩行」的消極的辯證法以及證實本體的「以明」直覺法。

首先，他指出老莊的論理學不同於先秦其他各家論理學作為求知識或者辯論的方法，而是對各家論理學的否定，是一種形而上論理學。他說：「他們（老莊一派）的論理學，叫它做論理學，不如叫它做不要論理學。不要論理學，才會發現真正的論理學。因為依他意思，論理學所討論的，都只是相對的境界，而真正的論理學應該要求絕對的境界。這絕對的境界即是形而上的境界，不是知識的境界，不是名相的境界，更不是辯論的境界，而這才成其為真正的論理學的境界。」〔註39〕可見，老莊論理學是討論真理之全直達本體的。

其次，他明確指出老莊虛無哲學的根本方法是「無知」和「無名」。「無知」是對一切相對知識的否定，朱謙之解釋道：「這在尋常感覺和論理以外的形而上學方法，自然和形式邏輯與科學方法，大不相同。因感覺除了接觸於感官的狀況外，無從知道；而形而上學的對象，又超過尋常的知識。所以要

〔註37〕論理學：邏輯學的舊稱。
〔註38〕朱謙之：《朱謙之文集》第三卷，福建教育出版社 2002 年版，第 279 頁。
〔註39〕朱謙之：《朱謙之文集》第三卷，福建教育出版社 2002 年版，第 266 頁。

知道事物的眞相，不可不賴『直覺』的方法，以游神於物的內面，而親與其絕對無比不可言狀的本體融合爲一。因爲宇宙的原始問題和究竟問題，都是不二而最初，不能用邏輯去推證其所以然。它是超越一切形式和符號的學問，和科學所探底認識法不同。科學無論如何，總是處客觀的態度，以知得相對的境界爲已足，因它對於內面絕對的知識，未能探得分毫，而分析的研究，倒擾亂了學者陷於論理的混亂，因此老莊一派即站在這立腳點上，極力否認知識。」〔註40〕他的理解，即通過否認相對的知識，通過直覺的方法與眞理之本體融合的覺悟境界。「無名」即是否認知識的符號「名」。「名」的作用，他認爲「一方面是包括這個那個而成全稱的共相，一方面是分別這個那個，使彼此截然有分。換句話說，因有了抽象的『名』，一面使具體的事物，所謂特殊，去做普遍的犧牲；一方面又建立出許多差別，以喚起不平等」〔註41〕。也就是名不符實和差別等級因「名」而有，從而導致天下紛爭。

再次，他指出莊子反對辯論，莊子的辯證法是一種消極的辯證法，即「兩行」，意即絕對無差別。他說：「蓋由莊子的辯證法看來，均有其正面與反面，正面出於反面，反面亦出於正面，……這其間一正一反消息盈虛，均有其自然的論理法則。……然而不幸的是莊子的矛盾的理解『是亦一無窮，非亦一無窮』，因此『不譴是非』，這正是弄詭辯者所取消矛盾的方法，而實際上矛盾亦不因此廢除，不過把他更引申下去，而成爲無窮之矛盾『惡的無限』而已。這種不正確的詭辯，應用於人生哲學，便成爲『無譽無訾，一龍一蛇；一上一下，以和爲量』的貌似超然而實油滑的人生。」〔註42〕他認爲莊子的「無物不然，無物不可」是取消了矛盾的對立和統一，莊子的「無竟」（無限）也只是一是一非的重複，並非辯證法「無限」的意義。

最後，他重複《莊子研究》一文中的基本觀點，認爲莊子「用直覺的方法，去實現絕對無比的本體」〔註43〕。「以明」即直覺能夠圓融無礙，但是這境界卻是不可說的，要說出來的只能是辯證法。「直覺的方法是絕對的、完全的，因爲他已超過辯論的境界，所以絕對無比，叫做『道樞』，而相對

〔註40〕 朱謙之：《朱謙之文集》第三卷，福建教育出版社2002年版，第271頁。
〔註41〕 朱謙之：《朱謙之文集》第三卷，福建教育出版社2002年版，第279～280頁。
〔註42〕 朱謙之：《朱謙之文集》第三卷，福建教育出版社2002年版，第291頁。
〔註43〕 朱謙之：《朱謙之文集》第三卷，福建教育出版社2002年版，第292頁。

的『是』和『非是』（彼）都消失在這個玄中了。」〔註44〕他還認為莊子因為看中直覺的方法，所以也特別注重「本能」或「信仰的意志」，真正的知識只要一任本能、一任信仰的意志就能得到。

從上可見，他對莊子的方法論說明與我們在前面第二章討論的唯情哲學的方法論根本上還是一致的，不過在其中也可以看到朱謙之用矛盾的對立統一來說明莊子取消矛盾的觀點，這也說明朱謙之在 1949 年做《莊子哲學》的時候，其思想已經開始從 20 年代形成的唯情哲學轉到唯物辯證法，已經開始自覺地用唯物辯證法的思想來指導自己的學術研究。

二、莊子學三派研究法

1949 年的《莊子哲學》一書中，朱謙之開始運用劃分學派的方法研究莊子及其後學。他針對 20 世紀前半葉疑古思潮者（如顧頡剛認為《莊子》完全是偽書）和辨偽者指出，否認《莊子》的真實性或者講《莊子》內篇以外一概抹煞，則未免疑古太過。他認為《莊子》三十三篇應是莊子學彙編，包含莊子、莊子弟子、莊子學派的撰述。他從「證之龜甲」、「參之金石」、「考之文體」等方面說明《莊子》一書不會是像顧頡剛所言乃是秦漢間的作品。

莊子本人所寫的篇目，朱謙之認為是內篇七篇及外篇《寓言》和雜篇《天下》。莊子學的發展，他認為自莊子以後分為三派：中派、右派與左派。他研究了各篇的主要思想並劃分了派別。各派分別所傳不同篇目，思想也各有側重之點。在時間上來說，中派時間最早，右派與左派發生較後，但當在同時先後不久為相對立的兩派別。具體如下：

中派：中派為莊子直傳弟子，是莊子學的正統派，所傳篇為《至樂》、《達生》、《田子方》、《知北遊》、《列禦寇》、《山木》、《秋水》、《則陽》。「此派主張『至人無己，神人無功，聖人無名』，無我而大我。其大旨乃在實現逍遙自得與齊一萬物的境界，與內篇最為接近。」〔註45〕

右派：右派是儒家化的莊子學，代表莊子門人所受孔子一派的影響。右派所傳篇為《庚桑楚》、《徐无鬼》、《外物》、《天地》、《天道》、《天運》、《刻意》、《繕性》諸篇。「此派主張『內聖外王之道』，《天道》篇『以此處上，帝

〔註44〕 朱謙之：《朱謙之文集》第三卷，福建教育出版社 2002 年版，第 293 頁。
〔註45〕 朱謙之：《朱謙之文集》第三卷，福建教育出版社 2002 年版，第 231 頁。

王天子之德也；以此處下，玄聖素王之道也。……靜而聖，動而王。』以『玄聖』與『帝王』對稱，言不為時用，即靜而為玄聖，如為時用，則動而為帝王。靜即靜退居內，動即出動居外，這種思想和儒家相近，但仍不脫道家的面目。」〔註46〕

左派：左派是極端的無治派，代表莊子門人所受老子左派的影響。左派所傳篇為《駢拇》、《馬蹄》、《胠篋》、《在宥》、《讓王》、《盜跖》、《漁父》諸篇。「此派主張『貴己保真』，頗有『拔一毛而利天下不為』之氣概。而且撲擊仁義，詆毀堯、舜，與《天運》篇之『假道於仁，託宿於義，以遊逍遙之虛』；《天地》篇之『行事尚賢，大道之行』；《天道》篇之讚美舜的無為之右派態度絕不相同。」〔註47〕

朱謙之認為：「中派偏於『無』的宇宙觀，其結果對於政治，不發生興趣，……。右派偏於『靜』的人生觀，明心見性，無為而無不為，其結果用世之意多，而逍遙之意少。左派偏於『無為』的政治觀，『拔一毛而利天下不為』，其結果憤激之辭多，而齊物之意少。但無論如何，此三派雖有這些的矛盾，而在《莊子》全書中，則自然有其內在的統一。……分之為中、右、左三派，合之則成完整之莊子一家之言。這正是莊子學的最大特點。」〔註48〕這種「三派」分析法，他於1964年6月22日在遼寧大學的發言《談談有關研究中國哲學史的幾個問題》中談到這是自己在「研究黑格爾哲學學派時受到啟發而應用於對先秦諸子的研究的，但也只可用於孔、老、莊等幾個大的學派，其他家是否合適，尚待研究」。〔註49〕可見，他後來還是很重視這一方法。他把三派的劃分法運用在整本書的研究中。這種學派內部的劃分可以解決《莊子》書中思想內容相互矛盾的地方，這在下面將具體闡述。

首先，在對待歷史問題上，朱謙之認為，在一般學者普遍的傾向「尊古而卑今」的戰國時代裏，左右兩派雖然都是以莊子的理想之世——原始公社時代為目標，但莊子後學之左右兩派在評價古代聖人時卻持相反的態度。左派反對和揭露堯、舜、禹、湯、武王等人的言行，右派則褒揚堯等君王。這在《盜跖》篇和《天道》篇可以看出截然相反的評價。在對待現實的態度上，

〔註46〕 朱謙之：《朱謙之文集》第三卷，福建教育出版社2002年版，第232頁。
〔註47〕 朱謙之：《朱謙之文集》第三卷，福建教育出版社2002年版，第233頁。
〔註48〕 朱謙之：《朱謙之文集》第三卷，福建教育出版社2002年版，第233頁。
〔註49〕 朱謙之：《朱謙之文集》第四卷，福建教育出版社2002年版，第458頁。

他認爲左派抨擊仁義，詆毀堯、舜，反對現實中的虛僞，要求回到古代原始公社的自然時代，雖然是一種對現實的歷史革命，但絲毫不能改變現實的局面；而儒家化的右派卻產生了因勢利導、應時而變的歷史思想。朱謙之認爲右派的隨時變化的思想超出了進化論和退化論矛盾的範疇，「而成其具有矛盾之統一底特色的歷史哲學」。〔註50〕

其次，在人生觀問題上，朱謙之認爲雖然左右兩派都是一種「反本復始主義」，要「返於自然」，但是左派是動的復性論，右派是靜的復性論。左派反對仁義聖智，認爲只有自然是最好的，主張返回人類的天眞，發展人的自然本性，這是從社會現實上著手；而右派卻是無所爲而爲，「去物欲」而返於自然的生活，到達虛無恬靜的境界。

最後，在政治哲學上，朱謙之認爲左、右、中三派觀點也有差異。他認爲莊子政治哲學的根本是反對有爲的政治，但又不是無政府主義，因爲「莊子雖主無治而實有君，……無爲政治不是沒有政治，乃是最徹底的放任政治」〔註51〕。從莊子哲學無治卻有君的矛盾中逐漸分化出主張「無治」的左派，以及注重內聖外王之道的右派。他認爲，右派主張有君，其內聖外王思想要求帝王之德，「須同於天地之無爲」〔註52〕，實現君道無爲，而臣道有爲的君人南面之術。左派主張無君無治，其無治主義觀點是反對政治，反對政府，反對戰爭，反對聖人所講的仁義聖智、政法賞罰，以爲這些都是亂天下而不是治天下的，所以左派主張破壞一切，想像回到至德無爲的絕對自由平等的理想社會，他認爲左派是最徹底的虛無主義者。

三、貢獻及評價

歷史地看，朱謙之的莊子研究還是非常有價值的。他在《世界觀的轉變——七十自述》中講到，自己在 1949 年最重要的工作，「卻是從舊哲學的批評中找出新哲學」。〔註53〕《莊子哲學》和《黑格爾哲學》是他這一年的主要成果。據朱謙之自傳中講，集中反映他對莊子研究的三十萬字《莊子哲學》一書作於 1949 年 6 月 15 日至 7 月 16 日，當時未出版，直到 2002 年收

〔註50〕 朱謙之：《朱謙之文集》第三卷，福建教育出版社 2002 年版，第 236 頁。
〔註51〕 朱謙之：《朱謙之文集》第三卷，福建教育出版社 2002 年版，第 359 頁。
〔註52〕 朱謙之：《朱謙之文集》第三卷，福建教育出版社 2002 年版，第 360 頁。
〔註53〕 朱謙之：《朱謙之文集》第一卷，福建教育出版社 2002 年版，第 174 頁。

入《朱謙之文集》中才得以問世。現在把朱謙之的莊子研究放在當時談幾點。

第一，莊子的階級立場問題。關於莊子的階級立場問題，建國以前較早論及的有呂振羽在 1937 年出版的《中國政治思想史》，此書中呂振羽認爲莊子代表封建領主殘餘。建國後的五、六十年代論述者比較多：侯外廬等中國思想通史派認爲莊子是亡國的小貴族；任繼愈起先認爲莊子是沒落貴族，後來認爲莊子代表「自由農民」或「農民小生產者」、「自耕農」；關鋒認爲莊子思想是沒落奴隸主意識感情的反映；張恒壽認爲莊子不是奴隸主階級的代表，而是站在「隱士」立場接近下層民眾的知識分子的代表等。

而朱謙之的探討與他的思想認識分不開。1945 年以後，朱謙之從史學轉向哲學之後，如他自己所說的：「我才千眞萬確地開始注意辯證法唯物論，踏上了無產階級世界觀的第一步。」〔註54〕但是，他的世界觀的轉變卻是在建國以後，如他自己所說：「解放以後，我的世界觀之逐漸轉變是開始於關於《武訓傳》的批評以後。」〔註55〕「我因學習了《武訓傳》的批評才完全明瞭藝術和教育都是階級性的。」〔註56〕所以在《莊子哲學》中他並未探討莊子的階級性問題，他此時雖已經自覺地吸收了唯物論的觀點來分析莊子，但是其世界觀並沒有轉變到唯物史觀上來。如他此時在研究莊子時已經自覺地把莊子放在特定的時代中分析，認爲莊子時代是奴隸制向封建制轉變的時代。他仔細地分析後認爲莊子是站在奴隸社會解脫出來的奴隸 「隱士」這些被壓迫者的立場說話而憧憬原始公社時代的。可見，以上諸家只有張恒壽在 60 年代發表的觀點與朱謙之的觀點比較一致。現在看來，朱謙之的觀點是比較恰當的。

第二，莊子思想是唯物的還是唯心的問題。關於這一問題，馬克思主義學者中侯外廬、呂振羽、關鋒等認爲莊子思想是主觀唯心主義，任繼愈雖認爲莊子思想是唯物主義，但是他還是認爲內篇的「後期莊學」爲唯心主義，只有張恒壽認爲莊子思想不是主觀唯心主義，認爲莊子的懷疑主義是主觀與宇宙合一的幻想。朱謙之認爲莊子思想不是唯物論，而是一種唯心論。他認爲莊子的唯心論「認心爲宇宙根底，是萬物所由發生存在的，……這個『心』並不是尋常有意念的心，所以不能由觀念來求，若以觀念求之，就屬於所證

〔註54〕 朱謙之：《朱謙之文集》第一卷，福建教育出版社 2002 年版，第 165 頁。
〔註55〕 朱謙之：《朱謙之文集》第一卷，福建教育出版社 2002 年版，第 177 頁。
〔註56〕 朱謙之：《朱謙之文集》第一卷，福建教育出版社 2002 年版，第 177 頁。

之境，就不是這個眞心了。所以須以直覺的方法，『以心復心』（《徐无鬼》）；
這個境界是怎樣呢？他的答案，就是一切皆空的心的本體。」〔註57〕在這裡，
朱謙之揭示了莊子的唯心論是與莊子的宇宙論、方法論分不開的，他並沒有
簡單地用主觀唯心主義的概念來定義莊子是唯心論。不過他還這樣說：「這種
超時間概念的道體，是不二而最初，怎麼忽生大地山河而見有始終呢？原來
大地山河因一心而起，這一心就是分別性，就是虛妄的知識，所以要說宇宙
緣起，則心起的時候便是。心起而後有時空觀念發生，因有心才有認識，才
於無同異中而起同異，轟地一聲而宇宙生起，千差萬別便有許多事了。由此
可見，宇宙就是『心』之化自身爲客觀相對有限者，有心才有宇宙，離心就
沒有什麼宇宙了。」〔註58〕這與五、六十年代學者們以主觀唯心主義定義莊
子的認識是基本一致的。

　　第三，關於莊子學派別劃分法。關於《莊子》書是一個學派的著作總集
的看法，清代章學誠就認爲戰國前的書都是某一學派的著作總集，20 年代羅
根澤也曾撰文《戰國前無私家著作說》提出這一觀點，以後逐漸爲學界所共
識。對《莊子》一書分類研究，「在明清時期，已有人對外雜篇作過一些分
類，但那種分類是模仿儒家以傳解經的方法，把內七篇當作經文，把外雜篇
當作傳釋，把外雜篇的一部分或全部文章分別附於內七篇之下。」〔註59〕近
代也有學者對《莊子》外雜篇進行了分類。如葉國慶的《莊子研究》，羅根
澤的《莊子外雜篇探源》，日本人武內義雄的《老子與莊子》等著作。建國
後，關鋒的《莊子外雜篇探源》，張恒壽的《莊子新探》，劉笑敢的《莊子哲
學及其演變》等都對莊子的外雜篇作過學派的劃分研究，尤其以劉笑敢的劃
分法最爲細緻和有說服力。

　　朱謙之的三派劃分法顯然也是把《莊子》一書作爲莊子及其後學的著作
彙編來看待的。朱謙之在《莊子哲學》中引述許地山《道教史》中所介紹的
武內義雄的五個時期的分法，認爲外雜篇許多內容是莊子後學所加；對於武
內義雄認爲外雜篇有 11 篇成於秦漢時期的劃分，他認爲以後人增入之處論述
外雜篇是秦漢間的作品，未免近於武斷。並且，朱謙之關於莊子學的三派劃
分法是建立在對莊子思想淵源的梳理上的。他在《莊子哲學》第三章「莊子

〔註57〕朱謙之：《朱謙之文集》第三卷，福建教育出版社 2002 年版，第 306 頁。
〔註58〕朱謙之：《朱謙之文集》第三卷，福建教育出版社 2002 年版，第 306 頁。
〔註59〕劉笑敢：《莊子哲學及其演變》，中國社會科學出版社，1988 年版，第 58 頁。

哲學之淵源」中詳細研究了《莊子》中的思想是受老子派、孔子派、稷下派的影響。他駁斥了錢穆、日本人帆足萬里等人認為老子出於莊子的說法，認為莊子學是老子學的繼承、發展；他綜合了唐韓愈、宋王應麟等認為莊子為孔氏門徒的說法，從章太炎和郭沫若以及自己的詳細考證中分析出莊子受了孔子尤其是受了儒門八派中顏氏之儒的影響；他還考證出在稷下派的影響下，《逍遙遊》受宋鈃、尹文的影響，《齊物論》受田駢、愼到的影響。這種思想淵源的全面考察就使他不會像郭沫若等人一樣簡單地認為莊子出自儒門而忽略了百家學術的背景。下面簡單地比較朱謙之和劉笑敢對莊子後學的學派劃分：

1、朱謙之劃分的中派

與內篇最為接近，是莊子學的正統派，代表莊子與其直傳門人的思想，所傳篇目有《至樂》、《達生》、《田子方》、《知北遊》、《列禦寇》、《山木》、《秋水》、《則陽》；劉笑敢劃分的第一類：闡發內篇思想，超越儒墨之爭的：他除把以上諸篇列入第一類外，還把《庚桑楚》、《徐无鬼》、《外物》、《寓言》也列入這一類，而朱謙之則認為《寓言》是莊子本人所作，《庚桑楚》、《徐无鬼》、《外物》三篇屬於右派儒家化的莊子學。

2、朱謙之劃分的右派

是儒家化的莊子學，代表莊子門人所受孔子一派的影響，所傳篇目為《庚桑楚》、《徐无鬼》、《外物》、《天地》、《天道》、《天運》、《刻意》、《繕性》；劉笑敢劃分的第二類：思想是兼融儒法，他除把以上的《庚桑楚》、《徐无鬼》、《外物》三篇歸入第一類外，還把《在宥下》（注：劉笑敢把《在宥》篇分為兩部分，《在宥上》指原《在宥》篇第一節，從「聞在宥天下」至「吾又何暇治天下哉」，以下其他部分為《在宥下》。）和《天下》也歸入此類。而朱謙之認為《天下》乃是莊子本人所作，《在宥》乃莊子學左派作品。

3、朱謙之劃分的左派

是極端的無治派，代表莊子門人所受老子左派的影響，所傳篇目為《駢拇》、《馬蹄》、《胠篋》、《在宥》、《讓王》、《盜跖》、《漁父》；劉笑敢劃分的第三類：抨擊楊墨，與朱謙之基本相同，只是他僅僅把《在宥上》歸入此類。

綜觀二人的劃分，朱謙之和劉笑敢在三派的思想劃分上基本一致，主要是劉笑敢把第二類稱為兼融儒法，朱謙之只是從儒家化上劃分，其他兩點思想依據基本一致。其他就是二人在具體篇目上還有具體的差異，但同大於異，

只是劉的更細緻些。雖然朱謙之 1949 年的《莊子哲學》一書直到 2002 年才得以問世，現在看來，他的莊子學三類劃分法研究在當時自是獨具慧眼，即使在現在也是有他的貢獻和學術價值的。

第三節　中國哲學通史的研究

　　20 世紀對中國哲學史進行通史性的研究，在朱謙之之前影響比較大的，是胡適 1919 年出版的《中國哲學史大綱》（上卷），30 年代馮友蘭出版的《中國哲學史》（上、下卷）與張岱年 1937 年出版的《中國哲學大綱》（1982 年再版後影響更大）。

　　胡適的《中國哲學史大綱》（上卷）的出版，標誌著中國哲學史學科的建立，同時也是中國人借鑒西方模式研究中國哲學的開始。蔡元培先生為胡適此書寫的序言中稱其有四大長處：（一）證明的方法；（二）扼要的手段；（三）平等的眼光；（四）系統的研究。仔細分析起來，這四點講的都是方法問題。胡適正是在中西哲學的對比中，借鑒實證主義的方法，對先秦中國哲學史料加以考證、裁剪、分析，進行系統的研究，通過探明中國哲學之學脈變遷，求其發展原因，從而來評判中國哲學的。他用「扼要的手段」，截斷眾流，不講三皇五帝，從老子、孔子講起；他把哲學分為宇宙論、名學及知識論、人生哲學、教育哲學、政治哲學、宗教哲學；他把哲學史分為通史、專史；他認為哲學史有三個目的：明變、求因、評判；他把中國哲學分為古代哲學（老子至韓非）、中世哲學（漢至北宋）、近世哲學（明以後）；他把哲學史的史料分為原料與副料等等。這樣，胡適突破了傳統經學的模式，建立了中國哲學史學科。但是，他的書只做到先秦，沒有了下文。

　　繼胡適之後，30 年代馮友蘭出版了他的《中國哲學史》（上、下冊）。不像胡適，馮友蘭完成了他的著作。他把中國哲學史分為子學時代（漢以前）、經學時代（漢以後）。他認為：「今欲講中國哲學史，其主要工作之一，即就中國歷史上各種學問中，將其可以西洋所謂哲學名之者，選出而敘述之。」〔註60〕馮友蘭認為，中國魏晉玄學、宋明道學、清朝義理之學可與西洋哲學約略相當。他用宇宙論、人生論、知識論的哲學分法來選材論述。具體地他又分宇宙論為本體論、宇宙論（狹義）；人生論為心理學、倫理學（狹義）；知識論為

〔註60〕馮友蘭：《中國哲學史》上冊，中華書局 1961 年版，第 1 頁。

知識論（狹義）、論理學（狹義）。他否認直覺方法是哲學方法，而認為「科學的方法就是哲學的方法」〔註61〕；他強調哲學中的論證作用，認為中國哲學「在其論證及說明方面，比西洋及印度哲學家之哲學，大有遜色。」〔註62〕所以，他認為中國哲學史須以西方哲學來補正。

以胡、馮二人為例，綜觀中國哲學史建立時期的情況，可以看出，二人均基於中西哲學的比較反觀中國哲學，以西方哲學為依傍研究中國學術，選定範圍，建立了近代形態的中國哲學史。

稍後，有張岱年的《中國哲學大綱》（1937），試圖以問題為綱來闡述中國哲學史，他把中國哲學分為宇宙論、人生論、致知論。雖然此書突出了中國哲學的特色，認為中國哲學有六個特點，即合知行、一天人、同真善、重人生而不重知論、重了悟而不重論證、既非依附科學亦非依附宗教，但正如作者在「自序」中所言：「如此區別哲學與非哲學，實在是以西洋哲學為標準，在現代知識形態下，這是不得不然的。」〔註63〕張先生注重研究中國哲學史的四點方法，即審其基本傾向，析其辭命意謂，察其條理系統，辯其發展源流。他在書中著重分析了概念的發展演變過程，按問題來列論，對胡、馮二人按哲學家列論的方式作了突破，實際上這也是對中國哲學史按西方哲學模式寫法的一個新的嘗試。但他對中國哲學史內容的選擇上還是局限於西方哲學，如對佛教哲學的捨棄。這樣實際上還是以西方哲學來研究中國哲學。

可見，在朱謙之之前，研究中國哲學史者借鑒西方哲學史的方法進行研究，初步建立了中國哲學史學科。

隨著新中國的建立，以馬克思主義思想為指導研究中國哲學史成為必須要做的工作。這個時期，由侯外廬、趙紀彬、杜國庠等人著作的《中國思想通史》（五卷六冊）在20世紀40年代末到50年代的陸續出版，標誌著中國學界用馬克思主義對中國傳統思想清理和總結的開始。「這部中國思想通史是綜合了哲學思想、邏輯思想和社會思想在一起編著的，所涉及的範圍比較廣泛；它論述的內容，由於著重了經濟基礎、上層建築和意識形態的說明，又比較複雜。」〔註64〕作者堅持唯物史觀，對中國古代思想及其人物從馬克思

〔註61〕 馮友蘭：《中國哲學史》上冊，中華書局1961年版，第5頁。
〔註62〕 馮友蘭：《中國哲學史》上冊，中華書局1961年版，第8頁。
〔註63〕 張岱年：《中國哲學大綱》，中國社會科學出版社1982年版。
〔註64〕 侯外廬、趙紀彬、杜國庠：《中國思想通史》第一卷，人民出版社1957年版。

主義的基本觀點分析論述，堅持唯物主義和唯心主義互相鬥爭的劃分法，提出了一系列嶄新的觀點，大大推動了中國哲學史的研究。

這是朱謙之研究中國哲學通史之前以及他同時代的研究概況。朱謙之對中國哲學通史的研究可以分爲兩個不同的時期。

一是非馬克思主義思想指導時期。他這個時期並沒有專門來論述中國哲學史，而是在《歷史哲學》的著作中發表了對中國哲學史的看法。1924 年到 1925 年他寫作《歷史哲學》時，以人類在知識線上的進化思想把歷史劃分爲：宗教的歷史時期、自我的歷史時期、社會的或科學的歷史時期、綜合的歷史時期。而把近代以後的哲學劃分爲宇宙哲學時期、自我哲學時期、社會的科學的時期、現代的生命哲學，這表現在西歐、印度和中國。對於中國哲學來說，中國從秦到唐一千多年的哲學都「沒有走上生命最安全的正路」〔註65〕，都算做哲學史上的「黑暗時代」。中國近世哲學則分爲三個時期，即：宇宙哲學時代（宋代）、自我哲學時代（明代）、社會政治哲學時期（清代），而接著清末到民國時期，就是生命的哲學時代，這也包括他自己之前的「唯情哲學」。這種劃分把宋代看作中國的文藝復興，從知識線的進化來劃分哲學時期，實際上有些牽強，並且這種劃分的依據唯心的成分過大，給人的感覺是，他爲了把中、印、歐都做統一的時期劃分，用歐洲近代以來的歷史發展時期強行來劃分中國哲學的歷史，這也反映了當時人們以西方的學術視野研究中國哲學的情況。

二是建國後寫作的《中國哲學史提綱》（1953 年油印本）與《中國哲學史簡編》（合訂精裝 6 冊，1960 年 9～12 月稿本）。這也是這個時期比較早的用馬克思主義思想爲指導，研究中國哲學史的有益嘗試之一。《中國哲學史提綱》只是比較簡略地勾勒了中國古代哲學思想從春秋到清代的封建社會的哲學發展史，全書約 10 萬字。《中國哲學史簡編》（合訂精裝 6 冊，1960 年 9～12 月稿本）據黃心川講大約有 200 萬字，黃心川說：「《中國哲學史簡編》最早注意到少數民族的哲學寶藏，列有專章研究，而且在很多中國哲學的傳統問題上，有很多新穎的、獨特的見解。」〔註66〕這裡值得注意的就是朱謙之有對少數民族的哲學的論述，可惜現在沒有出版。這裡只能從《中國哲學史提綱》來把握朱謙之的中國哲學通史研究：

〔註65〕朱謙之：《朱謙之文集》第五卷，福建教育出版社 2002 年版，第 91 頁。
〔註66〕黃心川：《序》，《朱謙之文集》第一卷，福建教育出版社 2002 年版，第 3 頁。

　　第一，他以唯物史觀的視野來研究中國哲學史。第一講開篇他說：「中國哲學史是中國唯物主義世界觀及其規律的胚胎、發生和發展的歷史——中國社會歷史的發展規律——（一）原始公產社會——（二）奴隸制社會——（三）封建社會——（四）半封建半殖民地社會——（五）社會主義社會——中國哲學史是依照各時代社會物質生活的發展階段和階級鬥爭的歷史而發展。」〔註67〕他1964年在遼寧大學東北文史研究所有篇發言——《談談有關研究中國哲學史的幾個問題》，他總結的前兩點：一是關於哲學史的研究方法問題，要從聯繫、發展、質量變化、對立鬥爭上去研究，力求應用唯物辯證法來研究哲學史；二是關於如何正確判斷哲學史上的唯心與唯物問題，他認為要用比較的方法，考證的方法，從著作本文來分析問題〔註68〕。

　　從這本《提綱》來看，他確實是用唯物史觀的視野，對中國古代哲學史進行了大綱式的比較全面地研究。他著重考察唯物主義思想的發展，對唯物主義思想家的無神論、世界觀（天道自然觀）、歷史觀給予了充分的肯定；考察每個時期的唯物主義與唯心主義的鬥爭，把儒、釋、道三教不同思想家的世界觀、政治觀、歷史觀劃分為唯物主義或唯心主義，並且認為「三教鬥爭與三教調和形成中國唯物主義與唯心主義鬥爭之主要形式」；從階級立場的不同區分統治階級思想與被統治階級思想，或者是統治階級內部的思想鬥爭，代表下層被壓迫者或者進步階級立場的思想得到肯定（如對明朝代表小地主和市民的王陽明學派思想的肯定，對明末代表小地主和商人的東林學派的肯定）；注重從社會歷史條件中去尋找原因，以此分析統治階級的利益鬥爭引起的思想鬥爭以及社會思潮（如對明朝初期商品經濟的發展分析市民性的啓蒙思想）；理出了思想家的唯物主義和唯心主義成分，找出有唯物主義思想傾向的予以肯定，唯心主義思想傾向的，也放在當時的歷史條件中來看待其價值。

　　第二，本書從封建社會胚胎期（第一講「春秋戰國時期」）、封建社會的定型期（第二、三、四講「漢——唐」）、封建社會發展期以及末期的維新改良派思想（第五、六、七、八講「宋——清」）三個大的時期來劃分中國哲學發展史。可以看出，朱謙之主要是給封建社會的思想發展作了提綱式的列舉和研究。在這種大的階段劃分中，他根據儒、釋、道三教的發展歷程，清晰

〔註67〕朱謙之：《朱謙之文集》第四卷，福建教育出版社2002年版，第3頁。
〔註68〕朱謙之：《朱謙之文集》第四卷，福建教育出版社2002年版，第16頁。

地把握了三教各自發生、發展的學脈承繼、相互吸收與相互鬥爭的歷史，以及三教不同思想家思想的相互影響。他對宋朝以前列舉比較簡略，第五講宋代以後就按照不同的學派、人物，比較詳細地闡述了不同學派具體思想家及學派思想的發展與鬥爭。

第三，注重中外文化接觸的情況。這裡包括：

其一是中印文化的接觸。朱謙之認為南北朝時期印度文化逐漸融化於中國文化之中，至隋唐佛教達到極盛時代而有了中國佛教的建立。

其二是由於朱謙之對日本哲學史有所研究，經常會提到中日思想家的相互影響及相互評價。比如，他闡述羅欽順否認朱子理氣為二，理在氣先之說時，他說：「日本德川時代唯物主義者貝原益軒最佩服整庵敢與陰陽論辯」；〔註69〕他說：「李贄思想影響日本吉田松陰」〔註70〕；王陽明的知行合一學說「影響日本產生例如中江藤樹、大鹽中齋及其後林子平、西鄉南洲、吉田松陰」〔註71〕等。

其三是近代西學對中國哲學的影響，主要是十六七世紀來華的耶穌會士所影響的天學派（徐光啓、李之藻、楊廷筠）與東林學派（顧憲成、高攀龍、劉宗周），以及18世紀末19世紀初的魏源、龔自珍和維新改良派的康有為、梁啓超、譚嗣同、張謇。

第四，他把自己早年的虛無主義的流行進化說的觀點，運用於對某些時期的思想評價。他在分析魏晉時期的思想時，列舉了《列子·天瑞》篇的一段論氣的文字（「有太易有太初有泰始有太素。太易者未見氣也，太初者氣之始也，泰始者形之始也，太素者質之始也。」「天積氣耳，亡處亡氣。」）時說：「用物質（氣）來說明萬物所以生成變化，同時在生成變化中看出辯證法的發展是自無而有又自有而無者，此為魏晉唯物主義的特色。」他還講道：「純粹有及純粹無都是抽象的唯心主義，而真理並不在於有亦不在於無，而在乎有在無中無在有中，……。」〔註72〕這明顯可以看到他早期思想的影子。

總體上說，朱謙之的《中國哲學史提綱》反映了當時用唯物史觀研究中

〔註69〕朱謙之：《朱謙之文集》第四卷，福建教育出版社2002年版，第46頁。
〔註70〕朱謙之：《朱謙之文集》第四卷，福建教育出版社2002年版，第54頁。
〔註71〕朱謙之：《朱謙之文集》第四卷，福建教育出版社2002年版，第51頁。
〔註72〕朱謙之：《朱謙之文集》第四卷，福建教育出版社2002年版，第12頁。

國哲學史的時代思潮，他的研究雖然與侯外廬等的《中國思想通史》相比顯得有很多不足，但是它是一本哲學思想史的「純化」式研究，還是有自己的特色的。由於朱謙之的《中國哲學史簡編》沒有出版，本文這裡沒法進一步深入討論他的這方面的研究。我們在下邊的中國哲學史史料學中會看到，他的視野也絕不是僅僅局限於封建社會的哲學發展史，對春秋之前和近代的部分他都做了認眞的哲學史史料整理。

由於受當時學術界「哲學史就是唯物主義與唯心主義鬥爭的歷史」的觀點影響，朱謙之的中國哲學史研究著重考察和肯定唯物主義思想及其發展，考察每個時期的唯物主義與唯心主義的鬥爭，理出了思想家思想的唯物主義和唯心主義成分，著重肯定有唯物主義思想傾向的。

不過，我們也應該看到，朱謙之從階級立場、社會經濟條件的角度分析也有其重要意義。他從階級立場的不同區分統治階級思想與被統治階級思想，或者是統治階級內部的思想鬥爭，代表下層被壓迫者或者進步階級立場的思想得到肯定（如對明朝代表小地主和市民的王陽明學派思想的肯定，對明末代表小地主和商人的東林學派的肯定）。他注重從社會經濟條件中去尋找原因，以此分析統治階級的利益鬥爭引起的思想鬥爭以及社會思潮（如對明朝初期商品經濟的發展分析市民性的啓蒙思想），他對哲學家思想中唯心主義思想傾向的，也放在當時的歷史條件中來看待其價值。這也說明 50 年代中國哲學史的研究已經超越了胡適、馮友蘭等第一代研究者的視野，在唯物史觀的指導下，中國哲學史的研究，越來越具有現代科學的方法論。

第四節　獨具特色的《中國哲學史史料學》

胡適在《中國哲學史大綱》的「導言」中就談到了做哲學史必須對哲學史史料進行「述學」的重要性，胡適談了一些指導觀念，但並沒有哲學史史料學的相關重要著作。胡適的觀點有：一是他嚴格限定了哲學史史料學的範圍，包括哲學家一生的行事，思想淵源沿革，哲學思想的眞面目。關係到這些內容的，才是哲學史的史料。二是他把史料分爲原料與副料。原料即第一手的作者本人的著作，副料是古人所作關於哲學家的傳記、軼事、評論、學案、書目。對原料和副料都要依據證據去審定，證據可以從幾個方面去搜尋：史事、文字、文體、思想、旁證。三是哲學史史料還必須整理，整理的方法

有：校勘、訓詁、貫通。胡適提出做可靠的哲學史的前提必須要對哲學史史料搜集、辨別眞假，然後去貫通研究。〔註73〕可見，胡適只是就史料的範圍，史料的類別，史料的整理方法提出了基本的原則性看法，並沒有做專門的史料學研究。

朱謙之的《中國哲學史史料學》（北大圖書館油印本，1957 年）是近代以來學術界有關的中國哲學史史料學最早的專論中國哲學史史料學的著作之一，〔註74〕是其 20 世紀 50 年代在北京大學講課的講稿，1957 年整理成冊。與朱謙之這本史料學同時代的著作是馮友蘭的《中國哲學史史料學初稿》（1962）。

朱謙之的這本史料學內容很精，分量很重。全書共十講並附錄古典哲學著作要目，從第一講到第十講分別爲：史料學、殷商哲學史料、中國人的智慧——《易經》、《老子》史料學、《莊子》書之考證、桓譚與王充的著作考、《列子》書與魏晉清談家之關係、《弘明集》之研究、四朝「學案」批判、近代思想史料選題。從這十講的題目中可以看到，除了第一講釐定本學科的任務外，古代部分從第二講到第九講，他都是專門做了考證、研究的，第十講近代部分則主要從鴉片戰爭時期的思想史料、太平天國思想史料、戊戌維新思想史料、辛亥革命思想史料來進行類別劃分、書目羅列。

在本書中，他以專題的方式進行史料釐定。他的專題研究表現在以一個相應的中心問題爲主線來解決相關問題，對史料的分類以這個專題內所反映的中心問題爲主來羅列介紹。他對古代哲學史料的認定注重學術界已有的研究成果，從中考證確切的史料，並把對史料研究的某一方面進行比較、分期，從中搜羅哲學史料，這就使他不是簡單地羅列史料，而是對史料進行了梳理。這也是他的這本中國哲學史史料的特點。從上文羅列的十講的題目，就可以看到，他以專題的形式把哲學史料的起源、易經、《老子》、《莊子》等史料進

〔註73〕胡適：《中國哲學史大綱》，上海古籍出版社 1997 年版，第 7～22 頁。

〔註74〕其他的有：馮友蘭：《中國哲學史史料學初稿》，上海人民出版社 1962 年版；張岱年：《中國哲學史史料學》，三聯書店 1982 年版；劉建國：《中國哲學史史料學概要》，吉林人民出版社 1983 年版；蕭萐父：《中國哲學史史料源流舉要》，武漢大學出版社 1998 年版；劉文英主編：《中國哲學史史料學》，高等教育出版社 2002 年版；石峻：《中國哲學史史料學講義》，《石峻文存》，華夏出版社 2006 年版，此爲石峻先生 1983 年以後上課的講稿，生前沒有出版。這些著作都比朱謙之的晚。

行分別整理、考證、研究。如他第三講「中國人的智慧——《易經》」論述了「《易經》在中國哲學史上的位置」、「《易經》的作者及年代問題」、「《易》學的流派」三個方面，考證細緻，見解恰當獨到，又由於他掌握資料非常豐富，知識淵博，論證如行雲流水，每有精彩見解。〔註75〕下面具體來看朱謙之對中國哲學史史料學的研究：

第一，概念的釐定——史料學、哲學史史料學、中國哲學史史料學的任務：

關於什麼是史料學：他認爲要從發展上、要與社會經濟關係與階級鬥爭來整理史料，區分了史料學與歷史學，批駁了胡適、傅斯年把史料學等同於史學的觀點。它認爲，史料學「即搜集和分析從事歷史研究時之所依據的各種各式材料」〔註76〕，「是闡明史料的研究和利用方法，是歷史輔助學科之一」〔註77〕。「史料學就是歷史學者爲尋求正確的歷史事實所用以批判的分析各種史料之科學方法。」〔註78〕

關於什麼是哲學史史料學：他區分了普通歷史資料的來源與哲學史史料學的範圍，認爲歷史資料的來源不能只限於文字記錄，應包括遺物（考古學的史料）、傳說（民俗學的史料）、文字記載（文獻學的史料）三類，而「哲學史史料來源是哲學著作本身」，只限於有文字記載的「文獻學的史料」。他說：「哲學史敘述可以追溯到古代的神話傳說時代，但必須通過文字或古文字史料，因此可以說文字史料是哲學和哲學史起始的條件。有效地利用這些哲學文獻史料，全面地批判分析，確定其來源、階級性質和用途，以及可靠程度與實際價值，這就是所謂哲學史史料學。」〔註79〕哲學史史料學批判分析哲學著作爲主。

關於什麼是中國哲學史史料學：他認爲，中國哲學史史料學應有區別於西歐和印度的獨特表現，它是中國的文字記錄的哲學史料，在古代和近代都有一些與此相關的著作，並且要有一些輔助科學，如校勘學、考訂學、目錄學、訓詁學、音韻學、輯佚學等，都應該包括在內。他特別指出，「史料學不

〔註75〕 本講在 2001 年第 3 期的《宗教學研究》上以「中國人的智慧——《易經》」爲題目刊載。
〔註76〕 朱謙之：《朱謙之文集》第四卷，福建教育出版社 2002 年版，第 175 頁。
〔註77〕 朱謙之：《朱謙之文集》第四卷，福建教育出版社 2002 年版，第 176 頁。
〔註78〕 朱謙之：《朱謙之文集》第四卷，福建教育出版社 2002 年版，第 183 頁。
〔註79〕 朱謙之：《朱謙之文集》第四卷，福建教育出版社 2002 年版，第 178 頁。

是目錄學、考訂學、校勘學、訓詁學、輯佚學，乃是以此處理中國文字史料的學問作爲輔助科學。」〔註80〕總的來說，「中國哲學史史料學則是以在馬克思列寧主義歷史研究方法論一般原則的基礎上，與中國關於哲學著作之考訂、校勘、分類、訓詁、輯佚等特殊工作統一起來的學問。」〔註81〕他認爲，認定中國古代哲學史史料的準則就是是否有文字記錄，而不是私人著述或其他。中國古代哲學史的起源，也是以有哲學史料記載爲準。以此爲準則，中國最早的哲學史料就是甲骨文字。即中國只有在殷商時代以後才有哲學史料。所以「表現於殷墟文字中的社會意識諸形態，不能不說就是中國古代哲學史的起源。」〔註82〕至於傳說式的史料，比如「禪讓」等，也是後人記錄的古代早期社會現實，但是可能有後人的不眞實的虛構，雖然有一定的哲學史料的價值，但是也不能全信。

　　第二，古代哲學史料重在「去僞存眞」。

　　他對古代和近代的思想史料整理方法也做了區分，他說：「古代哲學史料的整理，主要在『去僞存眞』，而近代思想史料的整理，則主要在『去粗取精』。」〔註83〕他認爲古代思想史料因爲年代久遠，對其整理主要是考訂、校勘、分類、訓詁、輯佚，以辨別眞僞，即「去僞存眞」。

　　要「去僞存眞」，必須對史料做認眞的考訂。這包括史料的作者、年代、版本、篇目、眞僞等，他在對《易經》、《老子》、《莊子》、桓譚與王充的著作、《列子》等部分內容都做了詳盡的考證。

　　要「去僞存眞」，還必須對史料以一定的思想類型、一定的思想背景（對《弘明集》、《廣弘明集》史料的研究分析三教鬥爭）做相應的分類，把握流派（把《易》學流派分爲《易》漢學、《易》宋學、近代《易》學三個流派），分析同一本書不同篇目之間的關係（對《老子》、《莊子》各篇的左、中、右三派分析法），對歷史上不同時期的學派分析，區分史料（魏晉思想家類型分爲存我型、放逸型、無君型）。

　　第三，注重唯物主義思想史料的挖掘，從思想背景、階級立場上區分思想的鬥爭，評價思想價值和史料，從統治階級的不同階層及其經濟利益矛盾挖掘史料所反映的思想鬥爭（如道教和佛教在一些時期的鬥爭是由於代表不

〔註80〕朱謙之：《朱謙之文集》第四卷，福建教育出版社2002年版，第188頁。
〔註81〕朱謙之：《朱謙之文集》第四卷，福建教育出版社2002年版，第183頁。
〔註82〕朱謙之：《朱謙之文集》第四卷，福建教育出版社2002年版，第191頁。
〔註83〕朱謙之：《朱謙之文集》第四卷，福建教育出版社2002年版，第331頁。

同的階層，經濟利益不同）。

　　第四，對史料批判的範式，即關於原先史料作者的立場、觀點、方法問題的批判。這就包括：批判史料作者的觀點是否符合客觀事實（在立場方面，古代特定時代有階級立場與民族立場問題）；在哲學問題上，其思想屬於唯物還是唯心（不能簡單地以階級來劃分思想家的思想的唯物與唯心，還要具體地看其思想傾向）；史料作者的研究方法批判；如果有錯誤的話，錯在什麼地方等。

　　第五，近代哲學史料重在「去粗取精」。

　　關於選擇的標準，他說，因爲近代思想史料太豐富，不得不「去粗取精」，「『精』是指民主性的精華，『粗』是指封建性的糟粕，這關於思想史料的選題標準，當然適用於中國哲學全史，而在近代思想史上尤其顯得突出。」〔註84〕這是說，選擇的標準就是符合歷史發展的民主性思想史料就是「精」的。

　　並且，近代思想史料的「第一任務乃在怎樣理解目前世界歷史和中國歷史思想的大轉變，換言之即使近代思想史的研究工作和現代思想發生密切的聯繫。」〔註85〕

　　以這樣的選擇哲學史料的標準，還需要把握近代思想的發展。他說：「近代思想史是民主主義與封建主義鬥爭，並且標誌著民主主義逐步勝利的歷史，民主主義是從唯物主義哲學出發，封建主義是從唯心主義出發，因此這種漫長的過程，同時也就標誌著唯物主義與唯心主義兩個對立面的鬥爭過程。」〔註86〕以這樣的選擇標準和思想認識來選擇近代哲學史料，就比較好把握，主要包括鴉片戰爭時期思想史料、太平天國思想史料、戊戌維新思想史料、辛亥革命思想史料。

　　由上可見，朱謙之對中國哲學史史料學的專門論述，包括釐定史料學、哲學史史料學、中國哲學史史料學的概念，對古代哲學史料提出重在「去僞存眞」，對近代哲學史料提出重在「去粗取精」，注重唯物主義思想史料的挖掘，從思想背景、階級立場上區分思想的鬥爭，評價思想價值和史料，從統治階級的不同階層及其經濟利益矛盾挖掘史料所反映的思想鬥爭，還說明了

〔註84〕朱謙之：《朱謙之文集》第四卷，福建教育出版社 2002 年版，第 332 頁。
〔註85〕朱謙之：《朱謙之文集》第四卷，福建教育出版社 2002 年版，第 331 頁。
〔註86〕朱謙之：《朱謙之文集》第四卷，福建教育出版社 2002 年版，第 332 頁。

對史料批判的範式，即關於原先史料作者的立場、觀點、方法問題的批判。雖然朱謙之在本書中沒有更詳細地如後來者那樣的詳細論述，但是他的這本中國哲學史史料學中的每一部分專門論述都是非常精湛的，是經得住時代考驗的，這裡邊的內容現在有些雜誌還在發表。雖然其指導思想中強調唯物主義與唯心主義的鬥爭，有簡單化的傾向，但總體上看，朱謙之的《中國哲學史史料學》作爲中國哲學史學科中最早的全面性論述哲學史史料問題的著作之一，是有開創之功的。

第三章　日本哲學史研究

　　對中國哲學的探討，不能不關注中國哲學對外影響方面，中國哲學在古代社會對日本思想的影響無疑是非常重要的部分，朱謙之是這方面研究的開創者。本章將從中國哲學對日本思想影響的角度，對朱謙之在中國日本哲學史領域的開創性研究及其特色進行分析，主要通過考察朱謙之論述中國哲學對日本朱子學、古學和陽明學的影響，闡述其學術貢獻。

　　需要指出的是，中國哲學自公元 5 世紀以來給予日本長時期的影響，應該包括道家、儒家與佛教思想三種思想資源對日本的影響，但這三種思想在日本歷史上的影響時間與影響程度是有很大差別的。朱謙之主要從哲學層面，論述中國哲學對日本的影響，因此，作爲信仰傳播的佛教不是他論述的重點，他的論述角度是道家與儒家思想對日本的影響。由於道家思想一開始影響不大，朱謙之的重點就放在論述儒家思想對日本的影響上。這裡先介紹一下佛教、道家思想對日本的影響，第二節、第三節將專門論述中國儒家思想對日本的影響。

　　佛教思想對日本的影響是極其重大的。這包括唐、宋時期的傳播。朱謙之認爲，唐代的傳播一方面是遣唐留學生與學問僧對佛教文化的學習輸出，另一方面是赴日僧人對佛教文化的移植。宋日交通時期，在日本來宋僧人與宋僧入日的影響下，禪宗和淨土做爲新的佛教派別也傳入日本。但是，朱謙之說：「奈良、平安以至鎌倉時代日本思想的特徵，一貫地是以佛教的世界觀爲主，陷於宗教迷信，還談不上純粹的哲學形式的世界觀。純粹哲學形式的世界觀的開始，則要到佛教中禪宗與儒家哲學結合的時代，即以五山禪僧爲媒介而輸入中國的儒家哲學之時」〔註1〕這種佛教思想的傳入主要是作爲宗教

〔註 1〕 朱謙之：《日本朱子學》，人民出版社 2000 年版，第 25 頁。

信仰而不是哲學思想的創建，12 到 16 世紀禪宗傳入，被武士所接納並沒有過多的理論創造，所以，早期佛教思想對日本的影響，朱謙之只是從作為中國哲學中的宋學東傳的媒介角度論述，並沒有做重點探討。他探討的重點是儒學對日本的影響。

從朱謙之的論述中可見，道家思想一開始被日本所排斥，初期影響有限，直到 18 世紀後影響才逐漸擴大，如道家思想對賀茂眞淵的自然主義思想，安藤昌益的反封建思想，司馬江漢的虛無主義人生觀都有影響。莊子思想對 19世紀明治時代的中江兆民也有影響，朱謙之在分析兆民的思想時說：「是不是在這無始無終無邊無限的世界裏，把人看得太小了，而發生厭世思想的萌芽？是不是《莊子》的機械唯物主義，給予了明治時代卓越的唯物主義者以這不可避免的局限性？這兩個問題的答案，應該是肯定的。」〔註2〕這裡，肯定了莊子對中江兆民的影響。朱謙之肯定了道家思想對日本思想家的重要影響，但是他並沒有系統地研究道家思想對日本的影響狀況，只是在論述具體的日本思想家的時候有所涉及。現在學術界對於道家思想對日本影響的研究，以徐水生的研究爲代表〔註3〕，他詳細地探討了道家思想對日本的影響，他把道家思想對日本的影響分爲三個階段，即：公元 6 至 16 世紀的傳入和引用；江戶時代的研究和普及；明治維新以後的滲透和影響三個階段。〔註4〕他指出，日本思想家常常借用道家思想闡發近代新思想，道家思想對日本近代有著積極的意義，如徐水生說，被譽爲「近代日本哲學之父」的西周，他「所述的『大知』、『小知』的概念及某些思想就取自莊子」〔註5〕，中江兆民「吸收和改造莊子生死觀的思想」〔註6〕，西田幾多郎的「純粹經驗」哲學中「也融進了莊子哲學的精神」，西田說「萬物與我一體」也是與莊子「天地與我並生，

〔註 2〕 朱謙之：《日本哲學史》，人民出版社 2002 年版，第 256 頁。

〔註 3〕 徐水生的相關著作和文章有：《中國古代哲學與日本近代文化》，臺灣文津出版社 1993 年 10 月初版；《略論道家思想在日本的傳播》，《道家文化研究》第十輯，北京三聯書店出版 1996 年版；《中國古代哲學對日本近代文化的影響》，《中國社會科學》1994 年第 4 期；《道家思想與日本哲學的近代化——以西周、中江兆民、西田幾多郎爲例》，臺灣《鵝湖》月刊 2007 年第 1 期。

〔註 4〕 徐水生：《略論道家思想在日本的傳播》，《道家文化研究》第十輯，北京三聯書店出版 1996 年版，第 445 頁。

〔註 5〕 徐水生：《中國古代哲學對日本近代文化的影響》，《中國社會科學》1994 年第 4 期，第 119 頁。

〔註 6〕 徐水生：《中國古代哲學對日本近代文化的影響》，《中國社會科學》1994 年第 4 期，第 121 頁。

而萬物與我為一」的思想非常接近〔註7〕。並且，道家思想對日本首位諾貝爾獲獎者湯川秀樹的現代物理學也產生了重要影響。徐水生的這些關於道家思想對日本的影響研究，基本上是從道家影響日本的角度的專門詳細論述，比較朱謙之的研究，無疑有進一步的深入和發展。這也啟發我們要看到道家思想的世界性意義與現代價值，在現代科學發展中，道家思想也發揮了一定的作用。

中國哲學對日本思想影響的同時，日本哲學也對中國思想在不同時期產生了一定的影響。這可以區分為：德川時代日本哲學對中國的較少的影響；日本的初期馬克思主義傳播對中國的影響。

德川時代日本哲學對中國的影響，在朱謙之的著作中，主要提到的是古學派的荻生徂徠和陽明學的吉田松陰，他說：「當徂徠學流行時，其所著《辨道》、《辨名》二書，在道光十六年即有錢泳編本，附以自序，並《日本國先生小傳》，作為《海外新書》出版。又當幕末陽明學盛行時，其代表吉田松陰等亦影響中國的戊戌維新志士，如譚嗣同即以身實踐松陰的行為，黃遵憲《人境廬詩草》亦有《近世愛國志士歌》，表示欽仰。」〔註8〕他在論述荻生徂徠時也提到徂徠對清朝當時的影響，說俞樾《春在堂隨筆》中記載對徂徠的《論語徵》的讚揚，還有狄子奇《論語質疑》、劉寶楠《論語正義》等的引用。這些都是日本影響中國的例子。不過，綜觀朱謙之的著作，日本這個時期對中國的影響不是很多。

日本在傳播馬克思主義思想方面對中國的影響，朱謙之主要提到的對中國影響的人物有幸德秋水、山川均、堺利彥、河上肇等。如日本早期馬克思主義者後來轉向無政府主義者的幸德秋水，朱謙之列舉他的多種社會主義著作在中國出版，對中國有相當的影響；山川均、堺利彥、河上肇對馬克思主義思想的翻譯與介紹普及也對中國馬克思主義的傳播發生了重要的影響；不過他並沒有詳細論述這種影響。本文這裡也就不再論述。

下面結合朱謙之的論述，主要闡述朱謙之考察的中國儒學對日本思想的影響。在闡述這個問題之前，我們先從總體上把握朱謙之在中國的日本哲學史研究領域的開創之功及其日本哲學史研究的特點。

〔註7〕徐水生：《中國古代哲學對日本近代文化的影響》，《中國社會科學》1994 年第 4 期，第 122 頁。
〔註8〕朱謙之：《日本的古學及陽明學》，人民出版社 2000 年版，第 382 頁。

第一節　開創中國的日本哲學史學科

一、開創性的日本哲學史研究概況

　　中國學術界對日本哲學史的研究，在朱謙之之前，基本上是空白。只有黃遵憲的《日本國志》有所提及；梁啓超的《朱舜水年譜》做了相關的個案式探索。朱謙之實際上是我國日本哲學史研究的開創者。早在 1930 年他就寫過《日本思想的三時期》〔註9〕，結合自己對文化哲學、歷史哲學的分期思想，把日本哲學分為宗教的哲學時期、自我的哲學時期、社會科學時期和新生命哲學時期，介紹了一些日本哲學的代表人物。1952 年全國院系調整以後，朱謙之在北大，他從中國古代哲學史的研究轉向東方哲學史的研究以後，開始了對日本哲學通史的重點研究。這時期關於日本哲學的著作和文章有：《日本的朱子學》（1958）、《日本的古學及陽明學》（1962）、《日本哲學史》（1964）以及論文《安藤昌益——十八世紀日本反封建思想的先驅者》（1962）和《鐮田柳泓的哲學思想》（1962）〔註10〕，《李贄與吉田松陰》〔註11〕、《吳廷翰與伊藤仁齋》〔註12〕、《朱舜水與日本文化》〔註13〕和《陽明學在日本的傳播》〔註14〕，他的這些研究成果都是我國學術界這一領域的開創之作，填補了這一領域的空白，至今還得到學術界的重視和肯定，他的相關著作也不斷地重新出版。日本學者鈴木正稱，朱謙之在北京大學開創的日本哲學史研究團體為「朱學派」，這些人後來成為中國對日本哲學研究的核心。〔註15〕

　　學術界對朱謙之的日本哲學史研究也不乏關注：劉夢義、陶德榮著的《中國當代哲學史稿（1949～1966）》〔註16〕有一節中主要按照朱謙之的《日本哲學史》一書的內容介紹了朱謙之的日本哲學史研究。任俊明、陶德榮著的《中

〔註 9〕　《現代學術》1 卷 3、4 期合刊，現在收入《朱謙之文集》第九卷。
〔註 10〕　這兩篇文章後來都收入《日本哲學史》中，都只是做少許文字的更改。
〔註 11〕　1961 年 8 月 13 日《文匯報》。
〔註 12〕　1961 年 9 月 8 日《文匯報》。
〔註 13〕　1961 年 12 月 5 日《文匯報》。
〔註 14〕　1962 年 4 月 1 日《文匯報》。
〔註 15〕　轉引自卞崇道《現代中國的日本哲學研究》，載《現代日本哲學與文化》，吉林人民出版社 1996 年版。
〔註 16〕　劉夢義、陶德榮：《中國當代哲學史稿（1949～1966）》，四川人民出版社 1987 年版。

國當代哲學史》〔註17〕也肯定朱謙之在日本哲學史研究上的貢獻。卞崇道的《現代日本哲學與文化》〔註18〕對朱謙之的日本哲學史研究的特點進行了三點概括：以唯物主義觀點研究日本哲學史；以史料爲基礎的實證特色；注重研究中日哲學的相互影響。張國義的《朱謙之的日本哲學史研究》〔註19〕一文從三個方面總結了朱謙之日本哲學史研究的成就和特點：一是中國研究日本哲學史的開山；二是日本哲學史研究的新視角：中國對日本的影響；三是重視史料的治史傾向。張國義的博士論文《朱謙之學術研究》論述了朱謙之日本哲學史研究的如下特點：一是以唯物史觀全面系統研究了日本哲學史。他認爲朱謙之特別注意唯物主義在日本的發展史，從社會結構、階級關係的變動中來研究。二是朱謙之特別注意朱子學派中的思想特點和師承傳授及在思想形成中所受師友的影響，按照師承學脈系統地梳理古學派。三是朱謙之是從日本哲學史研究的新視角——中國對日本的影響及中日比較進行的。四是朱謙之注重日本哲學史料的整理，搜尋原始史料。

以上學者對朱謙之日本哲學史研究的開創之功與研究成果做了充分的肯定，有些研究者也對朱謙之日本哲學史研究的特點做了相應的總體性概括，但並沒有對朱謙之日本哲學史研究的具體內容做應有的細緻研究。

從以上介紹，我們知道，朱謙之實際上是中國日本哲學史學科的開創者，我們可以從以下方面來把握他的研究特點。

二、研究特點

朱謙之對日本哲學史的探討，首先是對日本哲學史的分期問題，以往的研究都沒有注意到他的二次分期。朱謙之在 1930 年和 20 世紀 50 年代分別作了兩次對日本哲學史的分期。

（一）他在 1930 年所寫的《日本思想的三時期》一文曾把日本思想的發展分爲神學階段、形而上學階段、科學階段三個階段，科學階段又分爲唯物史觀與社會史觀兩派。他這個時期還沒有對日本儒學，日本的朱子學、古學和陽明學等做細緻的研究，但是他認爲日本以血緣關係擁戴萬世一系的天皇的國體，與中國儒家的以道德爲主的革命思想不合，儒家思想與日本的國民

〔註17〕任俊明、陶德榮：《中國當代哲學史》，社科文獻出版社 1999 年版。

〔註18〕卞崇道：《現代日本哲學與文化》，吉林人民出版社 1996 年版。

〔註19〕盛邦和、井上聰主編：《新亞洲文明與現代化》，學林出版社 2003 年版。

性也不盡吻合。所以他說：「儒家思想終竟和日本思想不能相容。我們現在一談到日本哲學，好似就只儒佛的思想盛行，這完全由於我們自尊的心理，結果把日本思想的真相淹沒，……在德川時代所謂儒教，雖代替了佛教的地位，但到日本古學復興，便儒教也漸漸自告衰微；當時的國體論和神道論，都是始而主張神儒合一，後便變成純粹神道的思想了。」〔註20〕從這段話我們看到，他這裡強調日本思想與中國儒佛思想是不一樣的，強調日本思想的特殊性。但是，他把日本古學放在「儒教」之外應該是錯誤的看法，實際上古學就是提倡孔孟思想以反對朱子學的。可見，這時他對日本哲學還沒有深入的研究。

第一時期神學階段主要是德川時代（1600～1868年），他把這個時期看作日本的文藝復興運動時期，「那時日本已開始受歐洲各國強迫通商，已經不能再保守他的鎖國主義了。在這時代，惟一的慰藉，就在恢復他們的自信力，從思想上面，確立日本精神和尊皇的思想」〔註21〕。思想家們以宗教為中心，提倡神國觀念、保皇觀念。

第二時期是明治時期（1868年始），日本以西洋思想輸入為背景，形成以德國哲學為主流的思想。這個時期日本思想界以德國哲學思想為基礎，形成了自己的講壇哲學，代表人物如井上哲次郎、西田幾多郎等。

第三時期從大正十三年（1924年）地震後開始有了轉折，有無政府主義派與社會主義派。這一時期社會科學思想與馬克思主義思想盛行。

以上是朱謙之在1930年對日本思想的分期，並且他在文末還說，日本思想的發展，是由四個階段的發展：宗教的哲學時期，自我的哲學時期，社會科學時期，新生命哲學時期。而這四個時期正如他的《歷史哲學》的分期原理。當時他還沒有用唯物主義思想為指導來研究日本思想史。新中國建國後，他這個時候的一些看法就發生了些微變化，如「儒家思想終竟和日本思想不能相容」的判斷，在新中國建國後的研究中做了更詳細的分析，從儒家思想對日本的影響方面更合理地評價了儒家思想對日本思想的價值。

（二）20世紀50年代以後，朱謙之的日本哲學史研究是建立在他的唯物

〔註20〕 朱謙之：《日本思想的三時期》，《朱謙之文集》第九卷，福建教育出版社2002年版，第3頁。

〔註21〕 朱謙之：《日本思想的三時期》，《朱謙之文集》第九卷，福建教育出版社2002年版，第3～4頁。

主義思想基礎上的。他是從日本唯物主義的發生、發展來研究日本哲學的發展歷史的。他說：「日本哲學史即日本科學的唯物主義世界觀及其規律的胚胎、發生和發展的歷史。」「研究日本哲學史主要以馬克思主義觀點，闡述日本唯物主義哲學思想的發展，並批判過去所有唯心主義哲學體系；但也不能忘卻在唯心主義哲學裏面，正如黑格爾的辯證法，有其合理的內核一樣，陽明學左派的辯證法，也有其合理的內核。現代日本哲學的主流是辯證唯物主義和歷史唯物主義的發展，而追溯其思想背景，則不可不先研究一下馬克思主義以前唯物主義哲學及辯證法思想產生的準備時期哲學的諸流派。簡單來說，德川時代哲學諸流派，已爲產生優秀的辯證唯物主義創造了必要的前提條件，這些哲學諸流派，包括獨立學派在內，或多或少均通過其本身的發展規律，接受了中國哲學的影響。」〔註22〕以這樣的主導思想出發，他實際上把日本哲學史看作日本唯物主義的發展史，即「日本馬克思主義唯物哲學的形成」史。因而，他把日本馬克思主義唯物哲學的形成史分爲三個時期。從他所列舉的三個時期的思想家來看，這三個時期的劃分實際上即是他對日本哲學史的劃分。爲了說明的方便，下面把他所做的「日本馬克思主義唯物哲學的形成」的三個時期〔註23〕列舉出來，即：

第一期，馬克思主義傳播以前唯物主義哲學及辯證法思想產生的準備時期：

　　　室鳩巢　新井白石　貝原益軒
　　　中井竹山　中井履軒　富永仲基（朱子學派）
　　　伊藤仁齋　伊藤東涯（古學派：崛河學派）
　　　荻生徂徠　山縣周南　太宰春臺（古學派：蘐園學派）
　　　佐藤一齋　大鹽中齋（陽明學派）

第二期，馬克思主義傳播以前日本唯物主義哲學形成時期：

　　　安藤昌益　三浦梅園　司馬江漢
　　　山片蟠桃　鎌田柳泓　皆川淇園
　　　植木枝盛　中江兆民　幸德秋水

第三期，馬克思主義唯物哲學與修正主義鬥爭的時期：

〔註22〕朱謙之：《朱謙之文集》第八卷，福建教育出版社 2002 年版，第 339～340 頁。
〔註23〕朱謙之：《朱謙之文集》第八卷，福建教育出版社 2002 年版，第 339 頁。

片山潛　河上肇　山川均　堺利彥

福本和夫　戶阪潤　永田廣志

野阪參三

從以上三時期列舉的思想家與朱謙之的《日本哲學史》對比，可以看到，這個「日本馬克思主義唯物哲學的形成」的三個時期的劃分，實際上就是對日本哲學史的三個時期的劃分。不過，以唯物主義思想為主導的《日本哲學史》也對日本國學者的「日本精神」哲學（復古神道）、日本資產階級哲學、戰前日本修正主義思想、法西斯主義思想進行批判。

具體看來，第一時期主要是《日本哲學史》一書的第二至五章，以及《日本的朱子學》與《日本的古學及陽明學》二書，主要是關於朱子學、古學和陽明學；第二期主要是《日本哲學史》一書的第七章、第八章、第十章以及第十一章，他主要突出論述了兩個時期，即：封建制解體過程中唯物主義思想的萌芽和明治時期的唯物主義與無神論思想。第三期主要是《日本哲學史》一書的第十一章、第十五章的馬克思主義哲學思想的形成。

從以上朱謙之對日本哲學史的兩個時期的劃分以及朱謙之的研究看，50年代偏重於從唯物主義思想史來看待日本的哲學史。同時，也對以前沒有做的日本德川時代的朱子學、古學與陽明學以及日本哲學史做了系統的介紹與研究。所以，50年代的研究代表了朱謙之對日本哲學史研究的主要成果。

總體來看朱謙之對日本哲學史的研究，不僅富有開創性而且成績很大，大致說來，其研究特點可以歸納為如下幾個方面：

第一，朱謙之對日本哲學的研究是建立在「以馬克思主義觀點闡述日本哲學思想的發展」〔註24〕這一基本思想基礎上的，這使他的研究達到了一個全新的水平，超越了日本以往的研究。朱謙之在日本哲學的研究中試圖從社會基本經濟政治結構、階級關係的變動中對思想家進行定位，注意發掘日本思想家們傾向於唯物主義方面的思想，以此來說明思想家思想的社會意義。這樣的思維傾向使他能從他們的政治立場、階級地位等多種現實因素中分析其思想。因此，他對日本思想家的歷史價值把握的比較準確，如對日本國學者的「日本精神」哲學的分析與對日本法西斯思想的批評，指出他們成為日本後來法西斯思想的根據。同時我們也看到朱謙之受當時哲學界研究的整體大環境和建國後的社會政治環境的影響，用唯物主義與唯心主義的鬥爭史去

〔註24〕朱謙之：《日本朱子學》，人民出版社 2000 年版，第 8 頁。

看待日本哲學史，在一些論述中難免有簡單化的傾向。但是他努力發掘日本哲學歷史上的唯物主義思想的發展過程，這是非常有意義的。

第二，朱謙之肯定了中國儒家文化的積極價值及其對日本文化發展的重要意義，從儒學對日本的影響方面探討了儒學對日本文化發展的重要性。無論是朱子學還是古學和陽明學以及後來的啓蒙思想等，都離不開儒學這一思想資源。朱謙之的日本哲學研究還力圖闡明儒家思想在具體學派、思想家思想中所起的作用。在分析日本思想家時，有以下兩點值得注意：其一是注重與宋儒的比較。不僅比較他們受宋儒的影響以及與宋儒思想的相近之處，而且比較他們受影響的不同之處，有新的發揮之處。如對古學派諸思想家，朱謙之證實其創始者伊藤仁齋受明代吳蘇原的影響，認爲獲生徂徠的古文辭受明代李于麟、王元美的影響，學問受仁齋的影響。朱謙之說：「仁齋之學近吳蘇原，徂徠之學近顏習齋，二者相同之處在同主張氣質之性，同反對宋儒分別本然、氣質之性的二元論。但也有不同，即仁齋以仁義爲道，徂徠以禮樂爲道，仁齋非功利，徂徠主功利。」〔註 25〕其二是在比較日本思想家反對宋儒的思想差異中，看清他們本身思想的不同旨趣。如朱謙之論述古學派的伊藤東涯時說：「東涯從事實出發，認爲人性之所以善，是因情而實可驗，這當然和宋儒主張復性反情之說不同。東涯本於孟子因情以見性之說，故重擴充；宋儒本佛、老以反其初爲說，反其初即滅情，故主復性反情。……宋儒的復性，是要人一念不動，一塵不染，如枯木死灰；東涯的因情見性，乃就人之四端而擴充之，積小至大，充微而顯，如滾雪球越滾越大。」〔註 26〕朱謙之往往在追尋日本思想家思想的中國思想淵源中說明其學問的旨趣和價值。

第三，朱謙之對日本哲學的分析，還突出了其變異性、獨特性，最終是爲了說明日本哲學本身發展的歷史過程、特點、規律，探明日本哲學在吸收中國哲學過程中怎樣本土化的過程，對它進行合理的批判，從而把握日本民族思想發展的特點。朱謙之說：「日本宋學並不單純受中國思想的影響，是有它哲學自身的發展規律的。即就所受中國各派哲學的影響來說，也只有通過日本的社會經濟條件和日本封建社會的階級分化，才可看出其所起的不同影響。」〔註 27〕朱謙之對日本哲學歷史的分析使人們清楚地看到日本思想從神

〔註 25〕　朱謙之：《日本哲學史》，人民出版社 2002 年版，第 65 頁。
〔註 26〕　朱謙之：《日本哲學史》，人民出版社 2002 年版，第 71 頁。
〔註 27〕　朱謙之：《日本的朱子學》，人民出版社 2000 年版，第 172 頁。

話時代、佛教思想、朱子學、古學和陽明學、國學、啓蒙思想、法西斯主義思想、馬克思主義思想等在日本哲學發展史上所起的作用、地位及其對後來的影響。他對日本哲學的論述不僅對大量的史料做條分縷析的基礎性證實，而且運用唯物史觀從政治、經濟、階級地位等各個方面去把握，進行合理地批判，從而清楚地梳理了日本民族哲學發展過程中自身的特點和規律。

第四，朱謙之對日本哲學史的研究與其史學思想相關。早在 20 世紀 20 年代，朱謙之已經開始了歷史哲學的探討。1929 年到日本後，他研究歷史哲學的興趣尤其格外濃厚。30 年代，朱謙之在中山大學任職期間，提出了自己的「現代史學理論」。注重實證的治史方法，提倡「考今」，重視史學的現代性和對當時代的功用，注意史料的搜集和分析批判。他對日本哲學史的研究也是前期史學理論的進一步發展和應用，只是對日本哲學史的研究一改從前受杜里舒、孔德等人影響的唯心史觀而轉向馬克思主義的唯物史觀。可以說，其「史料」的運用觀念沒有改變，而「史觀」卻發生了根本性的變化。他的這種思想轉變是早在建國前就已經開始了的。朱謙之說自己在抗戰時期寫《太平天國革命文化史》時已經用唯物史觀來解釋革命文化的背景〔註28〕，「二戰」時，原子彈的爆炸，使他開始注意原子的客觀存在。他說自己這時（1945）已經變成辯證法唯物主義者了，但是因爲環境和地位的限制，他只能把自己的新思想隱藏起來，也不再公開發表著作。在 1949 年解放前，正如他自己所說的，做的「最重要的工作，卻是從舊哲學的批評中找出新哲學」。〔註29〕他這個時候已經自覺地思考自己思想的新的發展方向。

第五，朱謙之試圖從日本哲學本身發展的歷史線索中來定位日本各時期的哲學家思想。以這種歷史發展的觀點去分析日本歷史上的思想家，就是注重學派本身的發展脈絡，把各思想家放在其所從屬的學派中予以分析。這樣做，其一是可以追本溯源地把握其思想來源，師承何人，受誰影響，利於看清其基本的學術旨趣；其二是可以看清楚其思想與前人的差異與新發展，明瞭思想家本身思想對學派發展的推動；其三是看思想家對其後學及社會的影響，明瞭思想家思想的價值。如對古學派伊藤東涯的研究，他不僅說明東涯繼承仁齋的性善乃就氣質而言，而且指出其因情知性說對伊藤仁齋「性說」

〔註28〕 朱謙之：《一個哲學者的自我檢討》，《朱謙之文集》第一卷，福建教育出版社 2002 年版，第 88 頁。

〔註29〕 朱謙之：《世界觀的轉變──七十自述》，《朱謙之文集》第一卷，福建教育出版社 2002 年版，第 174 頁。

的發展之處。他論及伊藤東涯的無神論思想，說其「雖非徹底的無神論者，而在所謂神國日本看已經是瀆神到了萬分，謂爲思想界嶄新開闢之一革新思潮，亦非過言」。〔註30〕這是結合思想家生活的時代充分肯定其思想應有的價值。

　　第六，朱謙之以歷史的、發展的眼光研究日本哲學史，必然使其注重日本哲學思想的起源及中日哲學家的相互影響之處。朱謙之從中國哲學對日本的影響這個視角切入，這在朱謙之以前，中國有黃遵憲和梁啓超的研究，朱謙之說：「清季出使日本參贊官黃遵憲曾於所著《日本國志》卷三十二《學術志》一一列舉漢學與經說書目，但僅寥寥數千言。梁啓超以朱舜水爲日本文化的開闢人，作《朱舜水年譜》，見《飲冰室合集》專集第二十二冊中。但所據原著，非正德本（1715），非享保本（1720），非明治四十五年稻葉君山編本（1912），而爲晚出之馬浮據明治本改編之《舜水遺書》本（1913），致疏漏頗多，且以史料不足，對於其實際影響所知甚少。」〔註31〕可見，當時中國學界的研究尚未眞正起步。日本學界對儒學東漸的研究資料，在朱謙之之前，已經不少。朱謙之認爲井上哲次郎的《日本朱子學派之哲學》、《日本古學派之哲學》、《日本陽明學派之哲學》與西村時彥《日本宋學史》最重要，在自己的著作中也多有引述。在對日本哲學的研究中，首先就必須闡明日本哲學受了中國哲學哪些方面的影響這一明顯的事實。朱謙之說：「中國哲學對於日本哲學的影響，亦爲中國學者研究日本哲學史特別主要的任務之一。」〔註32〕他自覺地把這作爲自己研究的主要任務之一。朱謙之的著作中隨處可見中國哲學對於日本思想具體影響的評述。如朱謙之在闡述陽明學派大鹽中齋的虛無主義世界觀時說：「中齋的『虛無』主義是從王陽明的致良知說來的，卻亦多少受了張載《正蒙》的影響。」〔註33〕

　　同時，他也論述了日本思想家影響中國的情況，尤其是近代以來的無政府主義與馬克思主義等思潮對中國的影響。如日本早期馬克思主義者後來轉向無政府主義者的幸德秋水，朱謙之列舉他的社會主義著作對中國留學生的影響，他還列舉了 1907 年幸德秋水對中國留學生講演無政府主義思想的事例；在馬克思主義的影響上面，朱謙之列舉了和研究了對馬克思主義的傳播

〔註30〕 朱謙之：《日本哲學史》，人民出版社 2002 年版，第 72 頁。
〔註31〕 朱謙之：《朱謙之文集》第八卷，福建教育出版社 2002 年版，第 3 頁。
〔註32〕 朱謙之：《日本的朱子學》，人民出版社 2002 年 6 月第 1 版，第 1 頁。
〔註33〕 朱謙之：《日本哲學史》，人民出版社 2002 年版，第 88 頁。

做過貢獻的堺利彥、河上肇、山川均等。

總體來看，他的研究在日本哲學通史和中日哲學的影響兩個方面比較突出，既對日本的朱子學、古學和陽明學以及整個日本哲學史進行了比較全面的研究，同時又在日本哲學史的研究中注重中日哲學家的影響和思想比較，尤其是中國哲學對日本思想的影響。在朱謙之的研究中可以看到，他的通史性著作是以細緻個案的考證為基礎的，他往往能夠把握到個別日本思想家思想前後的發展變化，實際上把通史性研究和個案研究有機地結合起來。

關於中日思想家的影響，他主要闡述了中國儒家對日本思想家的影響以及近代以來日本對中國的影響，他在這種思想的影響研究中往往探尋思想家的思想淵源，對其思想發展過程把握得比較清晰。

從中國哲學對日本有重要影響的角度，他認為重要的學派主要是：朱子學派、古學派、陽明學派、折衷學派、考證學派。他重點考察了日本朱子學派、古學派和陽明學派，他說：「已可見德川時代中國哲學對日本影響的重要性，其中尤以朱子學派、古學派和陽明學派，竟可稱為中國哲學之有條件的移植。從其落後一面來說，可算是為封建社會服務的意識形態；但就其進步一面來說，在這些學派之中，顯然包含著某些樸素唯物主義和自發辯證法的思想因素，這是給日本馬克思主義傳播以前唯物主義哲學的產生做了準備，應該特別加以注意。」〔註34〕

這裡有三點意思需要說明：一是日本朱子學、古學、陽明學對中國思想的「移植」，突出中國對日本的影響；二是其「有條件地移植」，突出日本的自我創新；三是朱謙之從中找出中國對日本唯物主義思想的影響痕跡。下面將結合朱謙之《日本的朱子學》、《日本的古學及陽明學》、《日本哲學史》等相關著作分析中國儒學對日本朱子學、古學、陽明學的影響。

第二節　中國儒學對日本朱子學的影響

在日本朱子學的研究中，朱謙之考察了這些內容：日本朱子學的傳播，京師朱子學派，海西朱子學派，海南朱子學派，大阪朱子學派，寬政以後朱子學派，水戶學派。他認為以往研究的特點是：「惟於朱子學之起源，所述甚少。大阪朱子學派及水戶學派，則幾無敘述，且其所重在倫理格言，引證多

〔註34〕朱謙之：《朱謙之文集》第八卷，福建教育出版社2002年版，第341頁。

漢文和譯，似不如原始資料之可據。」〔註35〕針對日本學術界以上研究的不足，朱謙之對日本朱子學的起源問題，從中國哲學影響日本的角度做了詳細的闡述，對大阪朱子學派及水戶學派也分析詳細，尤其是重視水戶學派受到中國朱舜水的影響。下文重點從這幾個方面來分析。我們先來看朱謙之對日本朱子學研究的總的觀點。

一、總的觀點

一是因為朱謙之以「哲學史是唯物主義與唯心主義鬥爭的歷史」這一觀點來分類日本哲學史，並且努力找出日本唯物主義思想的發展歷史，所以，朱子學傳往日本所起的作用就要具體來看。他把大化革新後的日本思想界劃分為主觀唯心主義的佛教和客觀唯心主義的朱子學。因為佛教傳入日本在先，朱子學夾帶在禪學中傳入在後，朱子學的發展便與佛教有相對抗的一個過程。從這個角度，他給予朱子學以一定的肯定評價：「客觀唯心主義雖然也是唯心主義，但在其與主觀唯心主義思想鬥爭的時候，便多少含著唯物主義的思想內容。……而客觀唯心主義當其潛滋暗長至於能與主觀唯心主義對抗的時候，便反過來提出合理主義思想來反對非合理主義思想。而因此朱子學在其突飛猛進至占主導地位的時候是有進步的意義的。」〔註36〕他說，朱子學肯定全宇宙的實在，以實理來反對佛教的虛空觀，具體來講，「日本京都朱子學派敢於從僧侶主義陣營之中翻身出來，講究朱子性理之學，肯定了世界及其規律的存在，因此他們的運動，便具有元氣淋漓的新氣象。」〔註37〕可見，他用發展的眼光，給予朱子學的早期發展階段以積極意義的評價。

二是朱謙之把日本朱子學與後來興起的古學相互對比來分析，肯定古學派對朱子學的進步意義。朱子學只是中國哲學對日本影響的一個派別，朱子學派也有其對立派別——古學派。相對於朱子學派來說，古學派更接近唯物主義思想，古學派中的仁齋學派與徂徠學派在世界觀上都以「氣一元論」的唯物主義思想反對朱子的「理氣二元論」的唯心主義思想。以唯物主義與唯心主義鬥爭的哲學史觀點來看，古學派明顯地有進步意義而朱子學派則處於劣勢地位。

〔註35〕朱謙之：《朱謙之文集》第八卷，福建教育出版社2002年版，第6頁。

〔註36〕朱謙之：《朱謙之文集》第八卷，福建教育出版社2002年版，第325頁。

〔註37〕朱謙之：《朱謙之文集》第八卷，福建教育出版社2002年版，第326頁。

　　三是在朱子學派別中，朱謙之也區分爲唯物主義傾向與唯心主義傾向的派別，以他紮實的史料功底做了比較細緻的分析，把日本朱子學派劃分爲不同的派別，甚至對個別思想家的思想的不同發展階段也做了探討。他認爲，日本朱子學派從對朱子的理氣二元論的世界觀分歧中可以歸納爲氣一元論或理一元論。氣一元論者如林羅山、安東省庵、貝原益軒等接近於唯物主義，理一元論者如三宅尙齋是唯心主義。他把日本朱子學派區分爲左派、右派和中間派，左派如新井白石、室鳩巢、貝原益軒、中井履軒的思想接近於唯物主義；右派如海南朱子學派、寬政三博士的思想明顯地屬於唯心主義；中間派是水戶學派，其中有暗齋派的唯心主義成分，也有徂徠派的唯物主義成分，在同一派之中，也有不同的唯物主義或唯心主義的思想家，如暗齋學派之中，三宅尙齋是唯心主義，佐藤直方則接近唯物主義。一個人的思想，前後也有變化，如室鳩巢、貝原益軒等思想在不同時期都有所不同。〔註38〕

　　四是朱謙之分析了朱子學發展過程中的社會經濟條件、地理環境、發展的不同階段的特點，清理出了代表不同社會階級的朱子學上昇階段、下降階段的特點，詳細地探討了朱子學在日本發展的客觀原因與社會物質基礎。

　　五是朱謙之從日本朱子學對西學的開放包容程度來判斷朱子學的優劣點，他認爲「日本朱子學派雖也有不少很狹窄的宗派主義，但就大體來說，尙能對異派取兼包並容的態度」〔註39〕。但具體到不同時期、不同人物，也有不同的態度。他認爲「朱子學的元祖藤原惺窩就是尊崇朱子學而並不極端排斥陸象山。……這種兼包並容的態度，遂使初期的朱子學頗能顯出異樣的色彩。但是這種情形，也不是很全面的，因爲朱子學本身就含有排斥異學的傾向，所以自暗齋提倡『闢異』之說以來，許多信徒就只敢固守程朱的孤壘，寬政以後更把朱子學愈縮愈小，跼蹐到不能自容，而因此當蘭學在日本初步發展的時候，朱子學便成爲與之對抗的反動力量。」〔註40〕同時，他也指出朱子學由於是在幕府官學的學問統治之下，便具有極端排斥異學的傾向。

　　六是朱謙之指出「朱子學在日本和其在中國有本質上的不同。日本朱子學是按日本哲學自身的發展規律，而與各學派發生關係」。「儒教只可能與日

〔註38〕　朱謙之：《朱謙之文集》第八卷，福建教育出版社 2002 年版，第 327～328 頁。

〔註39〕　朱謙之：《朱謙之文集》第八卷，福建教育出版社 2002 年版，第 329 頁。

〔註40〕　朱謙之：《朱謙之文集》第八卷，福建教育出版社 2002 年版，第 329～330 頁。

本魂相結合，因而儒教中的許多精理名言，只要與日本魂不相適合的，便要注定否定的命運。」〔註41〕日本所取中國的朱子學並不是原原本本地拿過去，而是結合日本固有的神道神秘思想，是以日本固有精神為基礎的有選擇性的攝取。

　　七是朱謙之從發展的現代視野指出，中國朱子學對日本的影響已經是過去的歷史事實了，今天中國能對日本有所影響的就是中國社會主義的實踐和理論。我們也不能忘記日本在初期馬克思主義思想的傳播上對中國影響甚大，我們現在批判整理古代文化，是「為建設中日兩國未來的共同的社會主義文化和更高的人民的友誼而奮鬥」〔註42〕。

二、日本朱子學的起源與傳播

　　上文已述，針對日本學術界對朱子學研究的不足，朱謙之對日本朱子學的起源問題，從中國哲學影響日本的角度做了詳細的闡述，對大阪朱子學派及水戶學派也分析詳細，尤其是重視水戶學派受到中國朱舜水的影響。下文重點從這些方面來分析。

　　朱謙之從中國文化東傳來考察日本朱子學的起源與傳播。對於日本朱子學的起源，他注重中國文化對日本的影響作用，從中國文化東傳的大背景中考察朱子學的起源問題。在朱子學起源的研究上，他「注重敘述朱子學在日本之傳播與發展，但亦注重選錄日本朱子學派及與之相關的原始史料，使中國研究者得以直接與此原始史料相接觸」〔註43〕關於朱子學的起源，井上哲次郎在他的《日本朱子學派之哲學》中有少許論述，但是著重論述的是京師朱子學的起源和海南朱子學的起源，並沒有從中國文化東傳的大背景來論述這個問題。朱謙之專闢「前論」，以占全書三分之一的篇幅，分為三章來論述：隋唐時代漢文學東漸史略、朱子學之傳播、江戶時代朱子學興盛的原因。他敘述了中國文化早期東傳日本的大致情況，這也是日本朱子學起源的文化背景。

　　第一，關於日本朱子學的起源，朱謙之的歷史視野非常開闊，他是從漢文學東傳的大背景下、宋學東傳的過程中探討朱子學東傳的。他從漢文學東傳這個背景中，即關於宋學傳往日本之前的隋唐時代漢文學東漸史入手，進

〔註41〕朱謙之：《朱謙之文集》第八卷，福建教育出版社2002年版，第331頁。
〔註42〕朱謙之：《朱謙之文集》第八卷，福建教育出版社2002年版，第333頁。
〔註43〕朱謙之：《朱謙之文集》第八卷，福建教育出版社2002年版，第7頁。

而把宋學放在這個背景中來探討，從而把朱子學也放在宋學東傳的歷史視野中來尋找其起源。他從中國儒家文化東傳開始敘述，認為「真正儒學的影響，有歷史記載可考的，還應該推到 7 世紀聖德太子的『推古朝的改革』，和大兄皇子的『大化革新』」〔註44〕。他引述公元 604 年聖德太子發佈的《十七條憲法》，根據日本學者分析，說明其中大量援引《五經》、《論語》，受儒學影響極大。唐朝時期，中日接觸與交流隨著日本遣唐使的大量到來而更頻繁。中國唐朝對日本的影響，可從 718 年日本元正天皇養老二年制定的《養老律令》與中國《唐令》的對比中看出，二者相當者有 420 條。〔註45〕不過，朱謙之從《養老令》中的學令、日本令與唐令的對比中說明日本此時已經排斥《老子》，認為其與政教無關，排斥《公羊》、《穀梁》，認為其與《左傳》思想不合，尤其《公羊》富於革命思想，與日本萬世一系的國體不同。他說明「大化革新發展了以中國的政治機構為藍本的官僚制度，用大陸傳來的新文化來鞏固中央集權和奠定比以前更為廣泛更為有力的剝削基礎」〔註46〕。同時，朱謙之也指出，道家宇宙觀和道家隱逸、閒適、放曠的生活態度也曾在隋唐文化輸入日本初期有一定的影響。不過，道家的影響還是不如佛教輸入的影響深遠。之後，在日本平安朝時期，佛教日漸隆盛，儒家思想也隨著當時大學制度開始逐步發展，學問成為家業，儒教的發展已經奠定了根基，但在平安朝末期，由於世襲的學問制度，儒學也日漸衰頹。之後，隨著「禪宗的輸入，給儒教作了掩護，因而又帶來了日本儒教之嶄新的黎明時代」〔註47〕。以上是朱子學傳入日本之前的日本吸收、學習中國文學的大致情況。

　　從這個漢文學輸入的大背景中，我們知道，中國文化傳往日本的情況有它傳播的慣性和政治經濟的背景，以及受日本社會本身發展的特點影響。朱子學的傳播不是偶然的現象，而是作為漢文學東傳中的重要思想傳播階段；朱子學在日本的興盛與日本思想界的發展需要也有著緊密的關係；更為重要的是，朱子學的傳播是日本統治階級利用儒學進行政治統治的需要。

　　第二，關於朱子學的傳播，朱謙之先是從其傳播背景與媒介——宋日交通與新佛教的建立——著手，放在宋學東傳的歷史中來考察，指出了宋學傳播的前提是禪學與宋學的合流。宋學經過五山禪僧的介紹、傳播，在博士公

〔註44〕朱謙之：《朱謙之文集》第八卷，福建教育出版社 2002 年版，第 12 頁。
〔註45〕朱謙之引述仁井田陞所著《唐令拾遺》附錄日唐兩令對照表。
〔註46〕朱謙之：《朱謙之文集》第八卷，福建教育出版社 2002 年版，第 15 頁。
〔註47〕朱謙之：《朱謙之文集》第八卷，福建教育出版社 2002 年版，第 25 頁。

卿派、薩南學派及海南學派中風行，而朱子學也是因禪僧而發展；宋學東傳的傳入時期和進行研究是不同的階段：「宋學賚往日本雖在鎌倉時代中葉，而宋學的研究，有明顯事實可考的，則在鎌倉末期。」〔註 48〕宋學比較明顯的發展時期則是室町時代的京學五山派，這也是朱子學的傳播過程；宋學傳播的政治背景起先是後醍醐天皇爲了恢復天皇的統治，打壓鎌倉幕府，之後是地方大名以儒學理論爲其封建統治服務。

關於宋學傳播的前提——禪學與宋學的合流的具體時期應是南宋時期。中國北宋時代，日本抱閉關主義，中日民間交往主要是宋船往來，來宋僧也僅是參詣天台山、五臺山，儒學未有大的傳播。直到南宋，中日之間交通頻繁，由於日本武門興隆，宋代的學術文化也適應日本武家的需要，來宋僧人學習傳往日本淨土宗、禪宗、律宗，同時，宋僧也到日本去傳播禪宗。在這期間，僧人攜帶有宋學著作，宋學遂傳入日本。關於宋學最早的傳入者，朱謙之注意引述日本學者多家之說。從《漢學紀源》、《中日交通史》、《日本宋學史》中摘錄日本多位學者之觀點，但他不盲從任何資料，在對資料相互比較的基礎上，考之日本學者詳細的文字史實記載。關於宋學的傳入者，有三種說法：僧俊茢說；僧俊茢以前說；清原賴業說。朱謙之認爲，最眞確的宋學東傳者，是僧人俊茢以後的臨濟禪僧，圓爾辨圓、蘭溪道隆等人，他採納西村時彥《日本宋學史》中的觀點，認爲圓爾辨圓是日本傳入宋學之等一人。〔註 49〕

這些禪僧兼采儒學，對於鎌倉時期一般武士產生了極大的影響。「武家好禪，禪好宋學，於是乎遂使宋學伴隨著禪而入武家的時代」。〔註 50〕其後元代僧人祖無，一山一寧赴日講法，尤其一山在日本最早傳入宋儒之學，並加以倡導。「宋學的研究，可以說是從一山開始，自此以後禪僧無不兼儒，蔚成禪學與儒學之一大合流，禪儒合一，參禪者幾無不傾心宋學。」〔註 51〕朱謙之分析道：「鎌倉時代乃以武士爲中心的封建社會，鎌倉幕府的成立，表示出以新成長的人民與地主間的階級關係爲基礎的社會秩序。此時統治者需要帶有封建性的宗教哲學思想，爲封建統治者的思想；又以其不文之故，對於不立

〔註 48〕 朱謙之：《朱謙之文集》第八卷，福建教育出版社 2002 年版，第 40 頁。
〔註 49〕 朱謙之：《朱謙之文集》第八卷，福建教育出版社 2002 年版，第 34 頁。
〔註 50〕 朱謙之：《朱謙之文集》第八卷，福建教育出版社 2002 年版，第 36 頁。
〔註 51〕 朱謙之：《朱謙之文集》第八卷，福建教育出版社 2002 年版，第 38 頁。

文字直指單傳的禪宗，特為歡迎。禪宗以心傳心，見性成佛，其直截銳利，簡明痛快之處，尤與武士性格相投。……這種主觀唯心主義的說教，提供武士以信佛即可得救的虛偽觀點。禪與武士道相聯繫，而宋學又與禪相聯繫，武家歡迎禪，也就兼歡迎宋學了。」〔註52〕

　　禪學與宋學的合流的重要表現是吉野、室町時代五山〔註53〕僧侶的宋學，中間人物眾多，朱謙之都給予了介紹和評述。經過五山禪僧對儒學的介紹傳播，又因禪僧而在博士公卿派、薩南學派及海南學派中風行，並得到統治者大名的支持，宋學思想逐漸成為主流思想，作為宋學之一的朱子學也因而大發展起來。

　　由上可見，朱子學的傳播以日本開放為前提，以僧人的傳播為媒介，其思想滿足了武家的需要，得到統治階級的支持，在禪學與宋學的合流中得到了發展。

　　第三，關於江戶時代〔註54〕朱子學興盛的原因，朱謙之認為可從主觀原因和客觀原因兩方面來看。主觀原因是德川時代的封建統治階級需要朱子學這種文化力量來維護，幕府、各地的「大名」以及歷代天皇都倡導和尊崇朱子學，朱子學才逐漸成為官學；客觀原因有三點：其外在原因是明末清初中日文化的接觸和佛教的衰頹助長儒教的興起這兩點，其內在原因是江戶時代的社會階級關係。他認為內在原因即江戶時代的社會關係是最重要的。下面我們主要看其客觀原因的分析：

　　其一是江戶時代與中國文化的接觸，已經有日本學者辻善之助〔註55〕在其著作《海外交通史話》中比較全面地闡述了這一點，朱謙之參考其他資料，認為日本文化在明治維新之前在很多方面都是中國文化的延長。他從三個方面論述了明末清初中國對於日本思想界的影響：一是明末流亡日本的士人，如朱舜水、陳元贇、張非文等人的影響；二是清初文化的影響；三是德川幕府普及儒教以維護其統治。這說明了當時中日的政治背景。

〔註52〕朱謙之：《朱謙之文集》第八卷，福建教育出版社2002年版，第38～39頁。

〔註53〕五山是日本當時的五大禪寺，是模仿南宋寧宗時（1195～1224）所定的大禪寺之五山十剎的。日本在鎌倉和京都設立了五山十剎，與儒學關係較深的，是京都五山。具體見《朱謙之文集》第八卷，第46頁。

〔註54〕朱謙之這裡指從1603年德川幕府建立直到1868年開始的明治維新。

〔註55〕辻善之助：1877～1955，日本歷史學家、佛教史學家。著有《日本佛教史的研究》、《海外交通史話》、《日本文化史》七卷、《日本佛教史》十卷。

　　其二是佛教的衰頹助長儒教的興起。朱謙之主要根據辻善之助的《日本佛教史研究續編》作了敍說，主要是僧侶的墮落從而導致排佛思想興起。

　　其三是江戶時代的社會關係，朱謙之運用馬克思主義觀點分析了當時的經濟和政治背景這種內在原因，認爲「所謂江戶時代的三百年的和平統一，是在封建主義的恐怖政治和奴隸的服從思想下產生的。整個江戶時代因爲農民和封建統治者間的矛盾，不斷髮生農民和都市貧民的起義反抗，……。即因這一時期封建統治者爲要維護它的封建剝削的統治秩序，所以不得不提倡儒教，尤其是朱子學特別強調了封建剝削階級的根本利益，適應了那時封建貴族領主的要求。」〔註56〕他指出德川幕府雖然借助種種武裝力量來維持封建土地制度和身份制度，但這種統治只是形式上的統一，封建統治內部有幕府與天皇、大名的矛盾，外部有代表封建領主利益的幕府與商業資本間的矛盾、統治階級的武士與被壓迫的市民間的矛盾，需要一種思想文化來維持統治的現狀。朱子學適應了這種需要，因而不管是天皇所代表的朝廷之學，還是幕府之學，都極力提倡朱子學，進而影響到大名和町人也提倡朱子學。使朱子學成爲維護統治階級統治的有力工具。這是從社會經濟和階級矛盾進行的社會內部矛盾分析。

三、關於大阪朱子學派與水戶學派

　　在朱謙之以前，日本學界對這兩個學派基本上沒有論述，井上哲次郎的《日本朱子學派之哲學》有關於水戶學派的簡單論述。朱謙之運用馬克思主義的觀點，對這兩個學派都作了很深入的分析。

　　他對大阪朱子學派和水戶學派都列專門章節進行詳細地史料梳理、思想闡述，從這些細緻的闡述中，把握了朱子學在日本思想影響的發展線索。如他對大阪朱子學受中國朱子學影響的思想發展線索論述道：「大阪朱子學派從三宅石庵開始，盛於中井竹山、履軒兄弟，其學派分佈遍全國，到了富永仲基、山片蟠桃更完全走上唯物主義路上，這不但標誌了日本資本主義生長過程中的上昇的現象，而且也標誌了朱子學在日本的影響，從唯心主義而至唯物主義的一種轉移。」〔註57〕也正是這些紮實地梳理，使他看到了朱子學派中各派的思想特色，得出了不同於井上哲次郎等日本學者的見解。如在論述

〔註56〕朱謙之：《朱謙之文集》第八卷，福建教育出版社 2002 年版，第 101 頁。
〔註57〕朱謙之：《日本的朱子學》，人民教育出版社 2000 年版，第 349 頁。

朱子學派學者一味忠實崇拜朱子的學說，差不多千篇一律時，他引述井上哲次郎的話道：「正如井上哲次郎所指出：在古學派及陽明學派中所見的豁人目驚人耳的壯絕快絕的大議論大識見，在朱子學派中竟絕不可得見。」〔註58〕但同時，朱謙之作了具體的分析，提出了自己的看法：「但雖如此，拿這些話來批判暗齋學派及寬政以後朱子學者自無不合，拿來說明海西學派，便覺有些不合。至如井上氏沒有注意到的大阪朱子學派，傳至中井履軒、富永仲基，何嘗沒有壯絕快絕的令人驚心怵目的大議論大識見呢？即在暗齋學派之中也有佐藤直方不信神、不信卜筮，因此竟被削弟子籍。寬政以後朱子學者，也有賴山陽竟指斥宋儒之病，在造立名目。由以上事實，可見日本朱子學派即使不免於千篇一律，而其特出的人物，卻也不少，尤其是這些特出的人物，許多可以說是接近於唯物主義思想體系。這也就說明了為什麼朱子學在它產生的本國，已瀕於衰頹的命運的時候，而在日本反而蓬蓬勃勃一時現出燦爛開花的異彩。」〔註59〕這正是因為朱謙之注重史料梳理、通史研究和個案研究相互結合，從而對日本個別思想家的把握更加細緻，從而也更加符合思想史的發展狀況。

（一）關於大阪朱子學派

其一，關於大阪朱子學派發展的原因，朱謙之注重從經濟和階級上分析，從大阪的商業社會發展和階級基礎來理解大阪朱子學派不同於其他朱子學派。他說：「大阪儒學的發達，在本質上是城市發展的果實，換言之，也就是商業資本發展之結果。」〔註60〕「其他朱子學派是為封建統治的武士階級服務，而此（大阪朱子學派）則為新興的商業資產階級服務。」〔註61〕他指出，其他朱子學派是傾向於貴族的，而大阪朱子學派是傾向於平民的，雖然它也是剝削階級。這種階級分析法反映了朱子學在不同階級基礎上的發展差異。

其二，他把大阪朱子學派思想的發展變遷作為整體日本朱子學發展中的重要標誌。他說：「大阪朱子學派從三宅石庵開始，盛於中井竹山、履軒兄弟，其學派分佈遍全國，到了富永仲基、山片蟠桃更完全走上唯物主義

〔註58〕 朱謙之：《朱謙之文集》第八卷，福建教育出版社2002年版，第328頁。
〔註59〕 朱謙之：《朱謙之文集》第八卷，福建教育出版社2002年版，第328頁。
〔註60〕 朱謙之：《朱謙之文集》第八卷，福建教育出版社2002年版，第220頁。
〔註61〕 朱謙之：《朱謙之文集》第八卷，福建教育出版社2002年版，第220頁。

道路，這不但標誌了日本資本主義生長過程中的上昇的現象，而且也標誌了朱子學在日本的影響，從唯心主義至唯物主義的一種轉移。」〔註62〕他重點敘述了中井竹山和中井履軒的學術思想。他指出中井竹山是一種合理主義的思想，表現為反佛教、無神論、反對災異之說等進步思想以及尊王賤霸的思想，他歸結中井履軒的思想有四點：人本主義、實用主義、合理主義、尊王賤霸思想。他對中井履軒做了長篇的分析：認為中井履軒反映大阪的市民社會思想，常站在商人資本立場說話，履軒所講的「道」是人之道，「是指人倫日用之間所當行者而言，」〔註63〕而不求形而上的世界觀，是一種人本主義思想和實用主義的功利思想。中井履軒提倡一種合理主義的格物方法，注重知行並進的實踐，懷疑宋儒經說的世界觀和經義，從無神論的觀點，反對佛教、神道、風水、占卜等，提出很多新見解，雖然也有武斷之處和思想局限，相信命定論思想，但他的大膽懷疑精神實際上起到了解放思想的作用。中井履軒也對武士階級抱牴觸態度，常說禮樂刑政不從天子出不仕，提倡尊王賤霸，擁護王室。

其三，大阪朱子學派的發展，有一個從尊崇朱子學到朱子學解體的過程，這個過程實際上為日本唯物主義思想的發展奠定了基礎。朱謙之說：「大阪朱子學派對於日本唯物主義思想的生長有極大的關係。如中井竹山、履軒，如富永仲基，如山片蟠桃與其謂為朱子學的繼承者，不如說是朱子學的批判者和否定者，……而均從儒學之中取得合理主義的要素加以發展。」〔註64〕上文已述，中井履軒已經開始大膽懷疑宋儒的經義，到了富永仲基更是指出儒家的性說和佛教的空有之論都是空言而「乏實理」，他提出適應日本的應該是「誠之道」，把朱子學的理氣心性理論歸結為此，並認為是儒家的本旨，還把日本神道和佛教都歸結為「誠之道」，這就一定意義上站在儒家立場反對佛教了。

從上可見，關於大阪朱子學派，朱謙之的探討無疑是很深入的：

一是關於大阪朱子學派發展的原因，朱謙之注重從經濟和階級上分析，從大阪的商業社會發展和階級基礎來理解大阪朱子學派不同於其他朱子學派，這種從現實物質生產和階級分析的唯物主義思想，無疑把握了大阪朱子

〔註62〕 朱謙之：《朱謙之文集》第八卷，福建教育出版社2002年版，第221頁。
〔註63〕 朱謙之：《朱謙之文集》第八卷，福建教育出版社2002年版，第233頁。
〔註64〕 朱謙之：《朱謙之文集》第八卷，福建教育出版社2002年版，第243頁。

學派思想發生發展的基礎，從城市商業發展的基礎上解析了此學派思想變動的眞實原因。

二是他把大阪朱子學派思想的發展變遷作爲整體日本朱子學發展中的重要標誌，這就反映了他研究視野並不局限於此，而有了對朱子學整體發展的關照。他把這一學派的發展狀況作爲朱子學整體發展情景下的具體表現，以具體的局部反映整體面貌，使朱子學的探討更加豐富。

三是他把大阪朱子學派發展的不同階段的思想旨趣、從尊崇朱子學到朱子學解體的過程，作爲理解日本唯物主義思想發展的一個重要思想基礎。這是他本書著作的主導思想使然，也使他把日本思想發展的不同階段貫穿起來，以歷史的眼光把握了思想史。

（二）關於水戶學派

其一，水戶學派在朱謙之之前基本上沒有研究者做過詳細的總結。朱謙之對其思想根源進行探討，詳細地論述了水戶學派是朱子學派的變種，並細緻地從學派中不同思想傾向追溯其根源於北畠親房與朱舜水，對其進行了前後期的區分。他一開始這樣概括：

> 水戶學是以水戶德川家編纂《大日本史》事業爲中心而發達起來的一大思想體系。……水戶學乃是從德川光國編纂《大日本史》開始，歷二百三十年時間，所倡鞏固封建社會制度的大義名分之學，按時代有它進步的地方，也有它反動的地方。這個學派顯然可分爲前後兩個時期，即前期以德川光國所設彰考館爲中心，發展了水戶史學，後期以德川齊昭所設弘道館爲中心，發展了水戶政教學。前者主要著作爲《大日本史》，其代表人物有安積澹泊、栗山潛鋒、三宅觀瀾、森嚴塾。後者主要著作爲《弘道館記》，其代表人物爲青山延於、藤田幽谷、會澤正志齋、藤田東湖。但無論前後期，其根本精神均爲提倡大義名分主義，這無疑是從孔子的《春秋》和朱子的《通鑑綱目》脫胎來的。水戶學即因這個緣故，所以常被歸入朱子學派中來講，但實際來說水戶學派不限出於朱子學，它是多種多樣地網羅了所有日本儒教的各學派。〔註65〕

由三浦藤作的《日本倫理史》對日本學術系統的分類〔註66〕，朱謙之說：

〔註65〕 朱謙之：《朱謙之文集》第八卷，福建教育出版社2002年版，第274頁。
〔註66〕 朱謙之：《朱謙之文集》第八卷，福建教育出版社2002年版，第274頁。

「水戶學派在朱子學派之中，有惺窩、暗齋、朱舜水三個系統，而在朱子學派之外，更帶有古學派的色彩。就中尤其是荻生徂徠的系統，實占後期水戶學的重要地位，如藤田幽谷、青山延於、會澤正志齋、藤田東湖等，幾乎皆出於此，這是在前期修史事業之上而更加上了政教革新的實際運動，使大義名分主義更推進了一步。但是他們雖從古學出來，而絕不拘泥於古學，終於在立言大義上和朱子派合流為一。」〔註67〕所以，朱謙之認為水戶學派雖然基於朱子的思想，但它不僅局限於朱子學，是朱子學派的變種，對日本各學派都有所吸收。

　　從思想根源上講，「遠溯可及北畠親房，近則朱舜水的影響」〔註68〕。其一，北畠親房強調日本是神國，皇位的繼承依三種神器（即鏡、玉、劍）的授受。這種思想得到後來水戶學派的共鳴。其二，朱謙之把朱舜水作為水戶學的奠基人。朱舜水重視史學，強調君臣大義，又不拘泥於朱子學立場的寬大治學態度，給水戶學以兼容並包的學風影響，使水戶學「一方面貫徹了朱子學的大義名分的精神，一方面只要是有實功實用，門戶之見就大可不論了」〔註69〕。朱謙之更細緻地指出：「水戶學的思想體系之中，如皇道史觀、神儒一致論等思想成分，雖當溯源於北畠親房，而如尊王賤霸、忠孝無二、實用實學等思想成分，則更應該溯源於朱舜水，這就是水戶學的思想根源。」〔註70〕

　　前期水戶學主要是史學，朱謙之闡述了朱舜水系統中的安積澹泊和山崎暗齋系統中的栗山潛鋒和三宅觀瀾。安積澹泊的思想主要是堅持儒家的正名思想、用歷史事實來擁護「名教」，分別君臣大義；栗山潛鋒的思想是天皇中心主義、大義名分思想與王政復古思想；三宅觀瀾思想主要是提倡王政復古。

　　後期水戶學主要是政教學。朱謙之闡述了藤田幽谷、會澤正志齋與藤田東湖。藤田幽谷提出尊王攘夷與正名主義；會澤正志齋提出皇室中心主義、日本中心主義（富國強兵、攘夷）與儒教中心主義（報本尊祖、王道主義、重農主張）；藤田東湖思想主要是敬神、愛民、尚武、排佛。

　　其二，以上是對朱謙之水戶學闡述的簡單概括，從整體上看，朱謙之對水戶學的闡述有幾個特點：

〔註67〕朱謙之：《朱謙之文集》第八卷，福建教育出版社2002年版，第275頁。
〔註68〕朱謙之：《朱謙之文集》第八卷，福建教育出版社2002年版，第276頁。
〔註69〕朱謙之：《朱謙之文集》第八卷，福建教育出版社2002年版，第279頁。
〔註70〕朱謙之：《朱謙之文集》第八卷，福建教育出版社2002年版，第279頁。

一是他直接把握水戶學與現實政治的密切關係，認爲水戶學興起的政治意義是很明顯的，是水戶家與其他兩家的一種權力紛爭的表現，爲了自身權力利益的緣故。朱謙之這樣講：「水戶家與記伊、尾張之德川家，共稱御三家。而較之另兩家，不但官位低，即領有土地亦不及另兩家之半，因此在保持三家之一的體裁上發生些困難。光國修史事業的動機，可能即因對這時所發生家臣團的黨爭，而謀確立作爲統制家臣團手段的名分思想；結果通過這一事業，水戶家在皇室及公家方面建立了特別關係。又以考彰館爲文化中心，聚集了許多學者，確立了水戶家的地位，使他一方面對於幕府保持其御三家之一，另一方面由於光國以來的尊皇思想，與皇室發生特殊的關係。」〔註 71〕他清醒地指出日本封建時代的學術思想是爲其封建統治服務的，水戶學者們對中國朱子學及其他思想的吸收都只是爲了日本國家的利益。如朱謙之說：「封建主義哲學終究是爲封建社會的統一局面服務的。所謂中國哲學對於日本之影響，其歷史的意義，不過如此。」〔註 72〕這是對整個日本朱子學思想的定位。

二是朱謙之從現實政治變化中來分析前期重視史學與後期重視政教學的思想變遷。前期和後期思想家都提倡大義名分，後期由於近代西方殖民者的入侵，已經有尊王攘夷、富國強兵、尚武排佛等思想。

三是朱謙之特別重視中國哲學對日本的影響，把朱子學的影響與其他思想資源都作了細緻地說明。針對水戶學，除了朱熹思想對日本思想家的影響外，朱謙之重視朱舜水的影響作用，認爲其思想主張和學術風格是水戶學發展的基礎。朱舜水參與了《大日本史》的編纂，在日本於 1665 年被水戶藩主德川光國聘爲賓師，直到 1682 年逝世，一直居住日本，弟子眾多。他治學不限於門戶之見的寬大態度，造就了日本水戶學的兼容並包的學風，他提倡大義名分論影響水戶學的尊王賤霸思想，他的實用實學思想，都是水戶學的思想根源之一。下面具體論述。

四、朱舜水對日本思想的影響

朱舜水（1600～1682）對日本影響最大的時期，開始於 1665 年被水戶藩主德川光國聘爲賓師，直到 1682 年逝世。朱舜水對日本思想的影響與貢獻是

〔註71〕 朱謙之：《朱謙之文集》第八卷，福建教育出版社 2002 年版，第 279 頁。
〔註72〕 朱謙之：《朱謙之文集》第八卷，福建教育出版社 2002 年版，第 324 頁。

多方面的，中日學術界目前研究已經很多，這裡不再一一介紹，對朱舜水的研究在哲學上主要是其實學思想、教育思想、政治思想等方面。

朱謙之很重視對朱舜水的研究，他除了在《日本朱子學》中論及朱舜水對日本水戶學的重要影響外，還在 1961 年於《文化報》發表《朱舜水與日本》，1964 年 6 月於遼寧大學講過《朱舜水與日本文化》。他還整理了《朱舜水集》，中華書局以他的整理爲基礎，1981 年出版，這是國內繼 1913 年馬浮整理舜水文集之後更好的本子。

朱謙之在《朱舜水與日本》一文中認爲，朱舜水對日本思想的影響，可以從三個方面來觀察：「第一是舊唯物主義世界觀的影響，如安東省庵；第二是教育思想的影響，如山鹿素行；第三是歷史觀的影響，如水戶學派的德川光國、安積淡泊等。」在 1964 年的《朱舜水與日本文化》中，把朱舜水作爲愛國主義者和國際主義者，稱朱舜水對日本文化的影響有四個方面：哲學、史學、文學、科學技術。在《朱舜水與日本文化》文章裏，他又提出朱舜水是古學的「奠基人」，主要是從舜水的實學思想方面談的，並沒有過多的論證。查閱朱謙之的《日本的古學及陽明學》一書，還是說「朱舜水尚屬朱子學系統」。實際上，朱舜水的思想與水戶學關係極大，可稱爲水戶學的奠基人，而古學派的伊藤仁齋思想受到朱舜水的影響並沒有確切證據。下面結合朱謙之的論述與他整理的《朱舜水集》，主要從哲學思想方面談談朱舜水對日本思想的影響。

其一，朱謙之把朱舜水作爲日本朱子學的一派水戶學思想的奠基人。朱謙之指出：「水戶學的思想體系之中，如皇道史觀、神儒一致論等思想成分，雖當溯源於北畠親房，而如尊王賤霸、忠孝無二、實用實學等思想成分，則更應該溯源於朱舜水，這就是水戶學的思想根源。」〔註 73〕朱舜水提倡大義名分論影響水戶學的尊王賤霸思想，他的實用實學思想，都是水戶學的思想根源之一。水戶學是日本水戶二代藩主德川光國聚集一些學者編纂《大日本史》，形成的一個學派，這個學派有不同的學脈傳承，朱舜水的弟子們就屬於這一學派，不管哪個學脈，他們均提倡大義名分思想、尊王賤霸。

其二，朱舜水以實理實學、注重功用的思想，批判朱子、陽明的理學、心學思想，這種實學思想正好符合了日本的實際需要，從而得到認同，並且他自己親自傳授日本人各種實用技術，爲日本當時社會發展做出了貢獻。朱

〔註 73〕 朱謙之：《朱謙之文集》第八卷，福建教育出版社 2002 年版，第 279 頁。

舜水在回答日本學者時重視實際功用，如他講：「爲學當有實功有實用」（《答小宅生順問》），「學問之道貴在實行，聖賢之學俱在踐履」（《答安東省庵雜問》）。

其三，朱舜水的尊王賤霸思想對日本水戶學有根本影響，不過這種大義名分思想也是與德川光國當時的實際政治需要有關係。一方面，他在日本招收學生，他的思想通過教授學生而傳播。他在日本於 1665 年被水戶藩主德川光國聘爲賓師，直到 1682 年逝世，一直居住日本，弟子眾多，朱舜水的弟子如安積淡泊的思想，主要是堅持儒家的正名思想、用歷史事實來擁護「名教」，分別君臣大義，這與朱舜水尊王賤霸的思想都有一致之處。另一方面，朱謙之指出，當時德川光國以編纂《大日本史》聚集政治力量，以與其他兩家政治勢力對抗。這實際上也是朱舜水思想傳播的現實政治土壤。

需要指出的是，現在一些學者指出，朱舜水的尊王賤霸、大義名分論通過影響日本當時的水戶學，也間接地影響了日本明治維新時期的近代思想。我覺得，這種純粹地從思想上說的「間接地」影響，需要放在近代日本的現實政治經濟的發展中來看，明治維新前的倒幕運動提出「尊王攘夷」的「尊王」思想，主要的還是日本的現實政治鬥爭的需要，而不能僅僅歸結爲思想的影響。作爲地方大名的德川光國，提倡大義名分的尊王必然是爲了自己的政治利益考慮，這種思想發展到後來，成爲日本明治維新前尊王、反對幕府的思想，也根源於日本皇室與幕府政治鬥爭的實際。

其四，朱舜水不拘泥於朱子學立場的寬大治學態度，給日本思想家以兼容並包的學風影響，使日本思想家「一方面貫徹了朱子學的大義名分的精神，一方面只要是有實功實用，門戶之見就大可不論了」〔註74〕朱舜水繼承、批評朱子、陽明思想，批判佛教，對日本思想家有所影響，如朱舜水的弟子安積淡泊（1656～1737），是《大日本史》修史的實際負責人，十歲起從朱舜水受學《論語》、朱子《小學》等書，受朱舜水思想的影響，重視朱子思想，批判佛教，但也不拘泥於朱子學。安積淡泊在修史中堅持儒家的正名思想，用歷史事實來擁護「名教」，分別君臣大義，這與朱舜水尊王賤霸的思想都有一致之處。如海西朱子學的安東省庵（1622～1701），朱謙之在其《日本的朱子學》中把他作爲海西朱子學派的代表。朱謙之說：「固然舜水當日

〔註74〕朱謙之：《朱謙之文集》第八卷，福建教育出版社 2002 年版，第 279 頁。

是在朱子學的包圍之下，而他的高足弟子如安東省庵既已超脫朱子學的狹窄範圍，接近於古學派。」〔註75〕朱謙之說，朱舜水住長崎時，省庵經濟上接濟他，也是最先跟隨朱舜水學習的一個。二人有論學術書函五十餘通。朱謙之認為安東省庵受到朱舜水不拘泥於朱子學的自由學風的影響，其治學不拘泥於一家之言，擇善而從。如《朱舜水集》記載朱舜水回覆安東省庵：「問：朱、陸同異，不待辨說明矣。……然『尊德性』、『道問學』，陸說亦似親切，奈何？答：『尊德性』、『道問學』不足為病，便不必論其同異。生知、學知、安行、利行，到究竟總是一般。是朱者非陸，是陸者非朱，所以玄黃水火，其戰不息。譬如人在長崎往京，或從陸，或從水。……只以到京為期，豈得曰從水非，從陸非乎？」〔註76〕「問：陽明之學近異端，近世多為宗主，如何？答：王文成亦有病處，然好處極多。……」〔註77〕朱舜水的自由學風確實給予安東省庵以相當的影響，他對朱陸的異同也認為「其所入不同，而其所至一也」〔註78〕，超越了學派的門戶之見。

綜上，朱舜水的思想給予日本以一定的實際影響，實際上也是適合了日本當時的社會需要。他的實學思想適合了日本民族注重功用的實際，他的尊王思想適合了當時統治者德川光國政治利益的需要，他的自由的學風一定程度上推動了日本思想的解放。朱謙之重視朱舜水對日本的影響，從中國哲學影響日本的角度，這一歷史事實是值得我們重視的。我們應該看到，朱舜水作為明末抗清知識分子，其思想受時代刺激，更多地注重功用思想，雖然也對朱子、陽明思想有所批評，他基於儒家的立場是基本的。總體上看，他的影響主要是水戶學派，屬於儒學對日本思想影響的一部分。

五、朱熹影響日本朱子學總體概況

從朱謙之的論述中看，朱熹思想是日本朱子學的淵源，對日本朱子學有巨大影響，日本朱子學各派對中國朱子學有繼承也有發展。總體上總結朱謙之的論述，可以分為三個方面看：

〔註75〕 朱謙之：《朱謙之文集》第七卷，福建教育出版社 2002 年版，第 479 頁。
〔註76〕 朱舜水著、朱謙之整理：《朱舜水集》，中華書局 1981 年版，第 396 頁。
〔註77〕 朱舜水著、朱謙之整理：《朱舜水集》，中華書局 1981 年版，第 396～397 頁。
〔註78〕 轉引自朱謙之：《日本的朱子學》，人民出版社 2000 年版，第 241 頁。

其一，日本朱子學各派有些思想家對朱熹思想持尊崇與信奉的態度，這一類主要是恪守朱子的性理觀，主張理氣為二，站在日本皇室的立場上提倡尊王賤霸、大義名分論。這主要有京師朱子學派的藤原惺窩，海南朱子學派的野中兼山、山崎暗齋，大阪朱子學派的中井履軒，寬政以後朱子學派的尾藤二洲、安積艮齋、賴杏坪，以及水戶學派的德川光國、安積淡泊、藤田幽谷、會澤正志齋等。這些思想家對朱子學說發揮不多，但都擁護皇室，尊王賤霸。這是日本朱子學對朱子思想的繼承，也反映了中日朱子學的相似一面。對於中日朱子學的相似一面，現在學術界有專門論述，以王家驊先生為代表，他指出，中日兩國朱子學派的共同點之一，即是「同視程朱為道學正統」〔註79〕。這些日本思想家實際上包括批評朱熹的，如貝原益軒、林羅山雖然批評朱熹，但還是承認程朱的道學正統。

其二，日本朱子學各派也有些思想家否認朱子理氣二元論，主張理氣合一。這主要有京師朱子學派的林羅山，海西朱子學派的安東省庵、貝原益軒，海南朱子學派的三宅尚齋、谷泰山等。這些思想家，有從王陽明處得到理氣合一的思想而對朱熹有所否定，如林羅山；有從羅欽順處得到氣本論（「氣一元論」）的思想而對朱熹有所否定，如貝原益軒；有在朱熹的理氣說基礎上發揮，而推向「理一元論」的，如三宅尚齋。

下面主要從朱熹的理氣觀結合林羅山分析一下朱謙之在理氣研究上的得失。

在具體論述之前，我們先看朱熹理氣說的觀點：

> 天下未有無理之氣，亦未有無氣之理。（《朱子語類》卷一）

> 然以意度之，則疑此氣是依傍這理行。及此氣之聚，則理亦在焉。蓋氣則能凝結造作，理卻無情意，無計度，無造作。（《朱子語類》卷一）

> 天地之間有理有氣。理也者，形而上之道也，生物之本也。氣也者，形而下之器也，生物之具也。是以人物之生，必稟此理然後有性，必稟此氣然後有形。（《朱文公文集》卷五十八）

> 所謂理與氣，此絕是二物。但在物上看，則二物渾淪，不可分

開各在一處，然不害二物之各爲一物也。若在理上看，則雖未有物
而已有物之理，然亦但有其理而已，未嘗實有是物也。（《朱文公文
集》卷六十四）

從以上引文可以看出，朱熹的看法是從不同的層面來看待「理」與「氣」
的：（1）「理」是從形而上的萬物存在的根本來看的，「氣」是形成萬物、凝
結萬物的作用上看的；（2）「氣」正是萬物從無形到有形凝結的原因，但是
「氣」又離不開「理」，「氣」要依「理」而行；（3）從有形之萬物來看，「理」
與「氣」是渾淪一體的，都通過萬物表現，不能分割；（4）從形而上之「理」
來看，「理」相對萬物具有獨立性，有「理」未必有萬物，因爲萬物還要依
賴「氣」才能形成，但是「氣」還是與「理」不能分開。

所以，朱熹的理氣觀並不能簡單地歸爲二元論。而朱謙之一般把朱熹理
氣論歸爲二元論，但是，有些時候，他也指出朱熹是理一元論，如他說：「朱
子學說雖主天地之間，有理有氣，是理氣二元論，但又將理分出先後，說：
『有是理後生是氣』；『先有個天理了，卻有氣』；『未有天地之先，畢竟是先
有此理，動而生陽，亦只是理；靜而生陰，亦只是理』，『未有天地之先，畢
竟也只是理，有此理便有此天地，若無此理便亦無天地，無人無物，都無該
載了，有理便有氣，流行發育萬物』。這便變成理一元論了。」〔註80〕這是
從理氣的先後順序上歸爲一元論，朱謙之並沒有細緻的分析，而只是下了個
結論就完了。這就讓我們分不清朱謙之到底是認爲朱熹是二元論還是一元
論。

實際上，如上所述，朱熹的理氣說用二元論來把握是片面的，用一元論
的觀點來看待朱熹所論述的理氣先後問題也是有問題的。朱熹已經講過理氣
本來沒有先後可言，若非要問先後，他認爲是理，但是結合他對理氣關係的
說明，可以說朱熹的區分也是從邏輯上來講的，而不是從時間上來講的。朱
謙之把朱熹關於理氣關係的主張，大部分評述的時候都是歸爲二元論，是有
問題的。這也反映了朱謙之用二元論來看待朱子理氣說，有簡單化的傾向，
對朱子理氣說認識存在一定的偏差。

我們具體來看朱謙之分析林羅山的理氣觀：

朱謙之認爲林羅山主張理氣合一，性情合一，否認朱子理氣二元論，其

〔註80〕朱謙之：《日本朱子學》，人民出版社 2000 年版，第 331 頁。

理氣合一論是得益於王陽明，與張橫渠的氣一元論相同。朱謙之引述林羅山的話：

> 程子曰：「論性不論氣不備，論氣不論性不明，二之則不是。」古今論理氣者多矣，未有過焉者。獨大明王守仁云：「理者氣之條理，氣者理之運用。」理氣一而二二而一是宋儒之意也。然陽明子曰：「理者氣之條理，氣者理之運用。」由之思焉，則彼有支離之弊，由後學起，則右之二語不可捨此而取彼也。要之歸乎一而已矣，惟心之矣乎！〔註81〕

林羅山還說：「心統性情，元是一心也，若果是四端發自理，七情發自氣，還是二心也歟！」〔註82〕可見，林羅山是以心統性情，主張理氣不可分。朱謙之認爲林羅山是受了王陽明的影響，也是事實。王陽明《傳習錄》卷中「答陸原靜書」，有「理者氣之條理，氣者理之運用。無條理固不能運用，無運用亦無所謂條理矣」的話，可見，王陽明是主張理氣合一的。比較王陽明和朱熹的理氣觀，實際上發現，二人的觀點是有一致之處的，朱熹說：「天下未有無理之氣，亦未有無氣之理。」（《朱子語類》卷一）「然以意度之，則疑此氣是依傍這理行。及此氣之聚，則理亦在焉。蓋氣則能凝結造作，理卻無情意，無計度，無造作。」（《朱子語類》卷一）這與王陽明「理者氣之條理，氣者理之運用。無條理固不能運用，無運用亦無所謂條理矣」的話，都是理氣合一的思想，把氣作爲運用。只是朱熹把理作爲根本，陽明把心作爲根本來解釋理。實際上，林羅山以心統性情，主張理氣不可分，對朱子學說的理解，從王陽明重視心的思想上受到影響，是進行了一定的改造的。朱謙之說林羅山的理氣合一與張橫渠的氣一元論相同，也是從本體論上講的。

其三，總體上看，無論是絕對尊崇朱子的還是對朱子學有否認的，一般都提倡儒學與日本神道合一（神儒合一），批評佛老。如對朱子尊奉的山崎暗齋、安積艮齋、會澤正志齋以及對朱子學有否認的林羅山、貝原益軒等，可以看出，這是日本思想家從本國的立場上來解讀朱子學。

〔註81〕《羅山文集》第68卷，第10頁。轉引自朱謙之：《日本朱子學》，人民出版社2000年版，第185～186頁。

〔註82〕《羅山文集》第68卷，第12～13頁。轉引自朱謙之《日本朱子學》，人民出版社2000年版，第186頁。

第三節　中國儒學對日本古學及陽明學的影響

一、總體研究特點

　　朱謙之對日本的古學和陽明學的研究，探明了日本古學和陽明學反對朱子學的中國思想資源，也指出古學的樸素唯物主義思想與陽明學的辯證法思想，是日本接受辯證唯物主義思想的前提條件之一。他的研究也是有開創性的。他說：「古學派及陽明學派尚少專著，惟井上哲次郎所提供資料尚可用，而立場、觀點不同，餘則僅供參考而已。」〔註 83〕可見，他的這一研究在當時中國學術界也是有開創之處，少有人涉及，用馬克思主義思想指導來做系統研究的更是沒有。具體來說，他的研究特點和觀點主要有以下幾個方面：

　　第一，他從政治利益、階級立場上對古學和陽明學做了定位，把握其學派鬥爭背景，從而分析中國哲學對日本哲學所起的不同作用。朱子學作為官方意識形態在先，是為幕府服務的；繼之而起的是作為朱子學反對派的古學和陽明學的私學，是為天皇或公卿服務的。古學代表不當權的中小地主階級，陽明學為下級武士掌握，站在地主和市民的思想立場，他們或多或少帶有剝削者的思想性格，這是他們思想局限性的階級根源。他在把德川時期儒學的發展劃分為三個時期的基礎上，從社會矛盾中的階級利益、政治利益的鬥爭來看待儒學內部的分化與聯合，認為「日本哲學的學派鬥爭，是和當時社會階級的變動有關，以階級矛盾作為各學派思想鬥爭的背景來看，就更容易明白中國的唯物主義和唯心主義對於日本哲學所起的各種特殊的作用」〔註 84〕。他把德川時期的儒學分為三個時期，即：

　　第一期，慶長八年──享保二十年（1603～1735，家康、家光、家綱、綱吉、家宣、家繼、吉宗，明萬曆三十一年──清雍正十三年）；

　　第二期，元文元年──天明八年（1736～1788，吉宗、家重、家治，清乾隆元年──乾隆五十三年）；

　　第三期，寬政元年──明治元年（1789～1868，家齊、家慶、家定、家茂、慶喜，乾隆五十四年──同治七年）。

　　這裡「第一期是朱子學勃興時代，第二期是古學隆勝時代，第三期是陽明學和朱子學對立時代」〔註 85〕。他認為，由於階級關係的變化形成儒學內

〔註 83〕朱謙之：《朱謙之文集》第八卷，福建教育出版社 2002 年版，第 348 頁。
〔註 84〕朱謙之：《朱謙之文集》第八卷，福建教育出版社 2002 年版，第 339 頁。
〔註 85〕朱謙之：《朱謙之文集》第八卷，福建教育出版社 2002 年版，第 338 頁。

部的分化，幕府和朝廷的利益分爭也導致了朱子學和陽明學的思想論爭，古學和陽明學的論爭，也是反映了不當權的地主階級與擁護幕府思想間的鬥爭。同時，古學和陽明學也有聯合反對朱子學的地方，都對日本明治維新廢佛運動做了思想準備，古學派的唯物主義思想與陽明學派的辯證法思想都爲日本接受辯證唯物主義思想的前提準備。

第二，他從歷史發展的實際影響來評價日本古學和陽明學的價值。他指出，中國哲學傳入日本最終與日本神道思想結合，爲統治階級服務。日本古學和陽明學站在下層不當權者的立場反對統治者，有一定的進步性，但是其進步性有限。朱謙之說：「此兩派均源出『漢學』，雖在某些地方，表示反對封建意識，而從其底子看，這兩派政治上的成就，最後均不過造成下一代的『明治專制主義』。……尤其這兩種哲學傳入日本，均不得不與日本固有的神道思想結合，最後變成反動的思想體系之一，爲封建統治階級服務。」〔註86〕這是從學派思想最終所造成的影響來評價。

第三，爲了把握中國哲學對日本哲學的影響，他的研究大量引用原始資料，他說這是爲了「使研究者得以直接與原始資料接觸，藉以明瞭中國哲學對於日本近世哲學的影響」〔註87〕。他的《日本的古學及陽明學》一書的資料主要以原始漢文與和文著作爲主。正是這種細緻的資料分析，使我們看到朱謙之的任何結論都是憑史料說話，使他能夠對日本學界的某些已有評價做出新的符合實際的論斷。比如，朱謙之非常重視中國思想對日本的影響，但當他考察了朱舜水與伊藤仁齋的接觸情況後，說：「伊藤仁齋雖不必如石田一良的書中所說受了舜水的影響，但很明顯，中日兩國之二大哲人，思想傾向不盡相同，而彼此傾倒則確爲事實。」〔註88〕這是用史料來說話，而不是主觀臆測。

下面具體來看朱謙之的中國哲學對日本古學和陽明學的影響研究。

二、對日本古學派的影響

（一）總的特點

總體上看，朱謙之的古學派思想研究，主要論述了古學派的先導者山鹿

〔註86〕朱謙之：《朱謙之文集》第八卷，福建教育出版社2002年版，第586頁。
〔註87〕朱謙之：《朱謙之文集》第八卷，福建教育出版社2002年版，第349頁。
〔註88〕朱謙之：《朱謙之文集》第八卷，福建教育出版社2002年版，第380頁。

素行，崛川學派的伊藤仁齋、伊藤東涯、并河天民、中江岷山，護園學派的荻生徂徠、山縣周南、服部南郭、太宰春臺、山井崑崙、宇佐美水等思想家，其論述有幾個特點：一是他強調日本古學思想的唯物主義傾向，是接受了中國優良的唯物主義傳統的影響；二是他把古學與朱子學相比較來論述，從二者思想的差異中把握古學思想的價值；三是他以唯物主義思想爲指導，注重階級變動狀況、社會物質根源的考察；四是他注重比較方法的運用，常常會把思想家的思想異同做比較；五是他注重從日本當時的社會思想狀況分析古學家思想的價值。下面具體來看：

其一，他著重指出古學派思想受中國哲學思想的影響方面，尤其強調日本古學思想的唯物主義傾向，與朱子學派中的唯物主義派一樣，是接受了中國優良的唯物主義傳統的影響。同時，他也著重論述了日本思想家對中國哲學思想的發揮和發展，其不同於中國哲學思想家的都很詳細地指出，並且以唯物主義思想來評價其優劣。他說，古學派「都是從宋儒出發，從懷疑宋儒，批判宋儒，而部分地吸收宋儒之學以建立其新道學」〔註89〕。「朱子派中的唯物主義者繼承了宋張橫渠、明羅整庵的思想體系，而古學派的創始者伊藤仁齋則接受了明吳廷翰〔註90〕思想的影響。」〔註91〕朱謙之詳細論證了吳廷翰對伊藤仁齋的影響，並指出伊藤仁齋所學成就，卻在吳廷翰之上。再如對伊藤仁齋的唯物主義思想的評價，也是以這樣的思想方法：「仁齋以天地爲一元氣，亦即一大活物，這雖近於活力說，但就其極端反對宋儒的寂靜主義一點來看，則仍具進步意義，亦帶有樸素唯物主義的色彩。」〔註92〕

其二，他把日本古學與日本朱子學相比較來論述，從二者思想的差異中把握古學思想的價值。如二者在對封建秩序的看法上，朱子學派以封建秩序

〔註89〕朱謙之：《朱謙之文集》第八卷，福建教育出版社2002年版，第431～432頁。
〔註90〕吳廷翰（1491～1559），字嵩柏，號蘇原。明朝正德十四年（1519）中舉，十六年（1521）取進士。歷官兵主事、戶部主事，至吏部文選司郎中。著有：《吉齋漫錄》、《櫝記》、《甕記》、《叢言》、《志略考》、《湖山小稿》、《洞雲清響》等。在人性論上，主張只有氣質之性，別無他性。在天理、人欲問題上，主張天理在人欲之中。在形神問題上，批駁靈魂不滅，死後輪迴的見解等。他的唯物主義哲學思想，對日本古學派伊藤仁齋、山片蟠桃等有很大的影響。朱謙之說《吉齋漫錄》、《櫝記》、《甕記》原書中國已佚，日本內閣藏《蘇原集》爲罕見本。1984年2月中華書局出版了由容肇祖點校的《吳廷翰集》。
〔註91〕朱謙之：《朱謙之文集》第八卷，福建教育出版社2002年版，第356頁。
〔註92〕朱謙之：《朱謙之文集》第八卷，福建教育出版社2002年版，第386頁。

為自然秩序，古學派則認為其是聖人創造的，是人為的、可變化的，這就動搖了原先不變化的封建秩序觀。

其三，他以唯物主義思想為指導，注重階級變動狀況、社會物質根源的考察。關於古學派思想的產生背景，朱謙之認為是 18 世紀德川幕府逐漸衰落，封建主義逐漸瓦解，近代思想從封建思想體系中逐漸滋長並發展起來，日本古學和陽明學的興起及其反對朱子學思想正是這一社會狀況的反映。

如上所述，朱謙之認為古學派是作為朱子學的對立面出現的，它代表與大地主階級立場的朱子學對立的中小地主的立場，屬於不當權派，這一階層背景決定了他們與朱子學的對立。

其四，他常常通過思想異同的比較，把握學術思想發展銜接的細微處，推斷學術流變的來龍去脈。這有日本思想家之間的比較，也有日本思想家與中國宋學的比較。他往往從有師承關係的古學派思想家之間對宋儒思想的不同態度來區分日本古學者的思想，並從唯物主義思想來評價他們。

日本古學思想家之間的比較，他從唯物主義思想來做評判。如他對荻生徂徠和伊藤仁齋的思想對比：「徂徠之學，出自仁齋，實無可諱言，……。雖然伊物二家固有不同之處，如仁齋學風以道德為主，徂徠學風以文章為主，伊主孟而物主荀，但就學術淵源來看，則徂徠之學仍不過仁齋古學之進一步的發展。正因為如此，在德川氏稱霸下的封建制度崩潰的過程中，二家學說，雖各適應時代條件而有不同之處，而二者均還不出封建社會意識形態的範圍。仁齋的學說近吳蘇原，徂徠的學說近顏習齋，二家相同的地方，在同主張氣質之性，同反對宋儒分別本然、氣質之性的二元論；但也有不同之處，即仁齋以仁義為道，徂徠以禮樂為道；仁齋非功利主義，徂徠取功利主義。然就二者反對正統的朱子學、成功地捍衛了唯物主義而言，均有其進步作用，可說是日本哲學史上優良的傳統。」〔註 93〕這是從總體上對二者的對比和評價，更細微的他還指出二者的差異，如在對待鬼神問題上，他說：「徂徠批判仁齋，而不自知其『陋』，徂徠的神道設教的唯心主義思想，是較仁齋更適合於封建統治階級，而距離唯物主義更遠。」〔註 94〕

再如日中思想的比較：他把古學派的創始者山鹿素行與宋儒進行比較，在世界觀上認為山鹿素行以「有」的世界觀否認了宋儒「無」的世界觀，以

〔註 93〕朱謙之：《朱謙之文集》第八卷，福建教育出版社 2002 年版，第 359～360 頁。
〔註 94〕朱謙之：《朱謙之文集》第八卷，福建教育出版社 2002 年版，第 451 頁。

動的世界觀反對宋儒主靜的世界觀，以理氣合一的世界觀否認了宋儒理先氣後的世界觀。

再如對有師承關係的伊藤仁齋和並河天民的思想評價，他要看天民與仁齋的區別，突出後來者思想的發展。他說：「首先應該指出的，就是仁齋區別心性情三者，尚不免和宋儒的思想接近，天民則以爲心性情其實一也，是進一步反對宋儒。」〔註95〕

其五，他注重從日本當時的社會思想狀況分析日本古學家思想的價值，以歷史的眼光來客觀地評價其思想。如對伊藤東涯的無神論思想評價：「東涯的無神論思想雖極不徹底，而在所謂神國日本看，已經可算是站在唯物主義立場，是瀆神到了萬分，即稱之爲當時思想界之嶄新開闢的革命思潮，亦非過言。」〔註96〕

（二）日本古學受中國影響的總體情況

日本古學發揮中國孔孟思想資源來反對朱子學，從朱謙之的論述，總體上看，古學派思想受中國影響的思想資源主要是：

其一是宋儒對古學的影響。古學派的思想比較一致，古學派「都是從宋儒出發，從懷疑宋儒，批判宋儒，而部分地吸收宋儒之學以建立其新道學」〔註97〕。這是說，雖然古學批判宋儒，但是他們的思想還是受宋儒的影響，在宋儒思想的基礎上才建立了他們自己的思想。

其二，古學派反對宋儒的思想資源還是中國古代的孔孟之學，實際上是日本儒學內部的革新。如伊藤仁齋以孔孟之學統自命，以《論語》、《孟子》爲主的思想復古儒學，批判宋儒；荻生徂徠也是要復古孔子之道，立志學先王之道，反對宋儒。古學提倡「復古」，實際上是復歸於經世之學、實用之學，傾向於唯物主義思想。所以，古學雖然以復古的面貌出現，但是它卻是日本儒學內部的革新。不過，這種革新的意義卻是有限的：「他們的思想雖仍不出儒學的範圍，不可能對封建秩序作根本的批判，但由於它對國家權力保護之下的朱子學多少作了一些批判，這在一定程度上觸動了當時被嚴格地劃分的

〔註95〕朱謙之：《朱謙之文集》第八卷，福建教育出版社2002年版，第411頁。

〔註96〕朱謙之：《朱謙之文集》第八卷，福建教育出版社2002年版，第410～411頁。

〔註97〕朱謙之：《朱謙之文集》第八卷，福建教育出版社2002年版，第431～432頁。

封建等級制度，就這種意義說，古學便具有創造新局面的氣象。」〔註98〕古學思想在封建思想內部還是起到了一定的破壞作用，對封建等級制度有所「觸動」。

三、對日本陽明學派的影響

首先，從中日文化的接觸看日本陽明學的起源和發展。

日本陽明學產生的很早，在學術界獲得支配力量，是德川寬政年間以後，當時幕藩的封建制已面臨崩潰，古學受到正統儒學的壓迫，代表下級武士和市民的陽明學獲得了發展的空間。朱謙之詳細論述了日本陽明學發展中的重要思想家，有系統可尋的是從開山者中江藤樹，及其弟子熊澤蕃山與淵岡山，之後就是古學派和朱子學派中的受陽明思想影響而有所成就的，如名書家中人北村雪山與細井廣澤，古學派中人三重松庵，大阪朱子學派中人三宅石庵，後學三輪執齋、川田雄琴、中根東里、林子平，佐藤一齋及其門下佐久間象山等，大鹽中齋，幕末志士的陽明學。

同樣，日本陽明學的發展離不開中日文化的接觸。朱謙之認爲日本陽明學並不直接受王陽明的影響，而是受陽明學左派〔註99〕的影響。日本陽明學產生之前的思想背景，涉及中日文化的接觸問題，日本學者如井上哲次郎、川田鐵彌、武內義雄等均極重視禪僧了庵桂悟在中國與王陽明交往的經歷，但朱謙之說：「日本陽明學開創於中江藤樹，而追溯其始於禪僧了庵桂悟。」〔註100〕「桂悟以八十七歲高齡，很難說其傳了陽明之學。」〔註101〕他認爲是陽明學左派影響了日本陽明學，是從階級立場來區分的：王陽明是站在封建統治階級立場上的，陽明學左派則是站在市民或農民立場上。他說：「王守仁與王學左派之間的分歧，恰似中國陽明學和日本陽明學之間的分歧，最明顯的分界線是王守仁反對農民起義，而日本的陽明學如大鹽中齋即爲農民起義的急先鋒。正因爲日本的陽明學具有人民性的內容，與其謂爲直接受王守仁的影響，不如認爲是陽明學左派的一支。」〔註102〕日本的陽明學也是站在下

〔註98〕朱謙之：《朱謙之文集》第八卷，福建教育出版社 2002 年版，第 353 頁。
〔註99〕即泰州學派：創始人王艮，曾拜王陽明爲師，著名者有王棟、徐樾、趙貞吉、何心隱、李贄、徐階等，該派發揚了心學思想，推動了明朝後期的思想解放。
〔註100〕朱謙之：《朱謙之文集》第八卷，福建教育出版社 2002 年版，第 479 頁。
〔註101〕朱謙之：《朱謙之文集》第八卷，福建教育出版社 2002 年版，第 480 頁。
〔註102〕朱謙之：《朱謙之文集》第八卷，福建教育出版社 2002 年版，第 480 頁。

級武士和市民的立場上，所以朱謙之有此推論。

其次，日本陽明學所受中國陽明學的影響要具體來看。朱謙之認爲有以下幾點：

其一，日本陽明學的主要思想是「尊王」，反對幕府。因此，他們一般反對朱子學，或者陽朱陰王（佐藤一齋）。可以說，他們也間接受朱子學的影響。從這一立場出發來定位日本陽明學，朱謙之講到：「正因爲陽明學在日本是爲下級武士和市民階級所重視，而下級武士是地主也接近市民，因爲他們還和農民不同，基本上是屬於封建階級立場，不可能提出『向前看』的革命綱領，而只能走向『復古』的圈套去。他們之中有一種共通的特色，就是『尊王』，尊王即表示對幕藩制的不滿，同時也意味著傾向於絕對主義的統一日本的意識。所謂陽明學在日本歷史上的意義，不過如此。」〔註 103〕這是對從當時歷史發展的實際中給日本陽明學的根本定位。王家驊先生總結說，這是日本陽明學借助心學主體性所表現的「反體制性」〔註 104〕，也就是反對幕府的現行體制。

其二，朱謙之認爲日本陽明學並不直接受王陽明的影響，而是受陽明學左派的影響。日本陽明學分爲兩派：「一爲具強烈內省性格的德教派，一爲以改造世界爲己任的事功派。」他所說的日本陽明學左派就是事功派，右派是德教派。左派如中江藤樹受陽明弟子王龍溪〔註 105〕的影響，右派卻是受劉蕺山的影響。日本陽明學左派把中國王學左派的辯證法思想向前發展了，「成爲在馬克思主義以前給辯證法思想作了準備的重要哲學流派。」〔註 106〕「日本陽明學，無論左派也罷，右派也罷，均極看重實踐；不貴空談無用之學，尤以左派如大鹽中齋，如西鄉隆盛、吉田松陰與明治維新時草莽志士，他們雖也不免近於淺薄，而均能突出地顯示他們的時代覺醒的人民性思想，站在時代前面奮勇前進，百折不撓；他們的傑出思想，甚至接近了革命的辯證法思想，這可說是日本陽明學的最大特色。」〔註 107〕可見，日本陽明學一方面在

〔註 103〕朱謙之：《朱謙之文集》第八卷，福建教育出版社 2002 年版，第 479 頁。
〔註 104〕王家驊：《儒家思想與日本文化》，浙江人民出版社 1990 年版，第 120 頁。
〔註 105〕王龍溪（1498～1583），字汝中，號龍溪，是王陽明弟子，是明朝中晚期陽明學的重要代表，對日本陽明學中江藤樹等影響很大。
〔註 106〕朱謙之：《朱謙之文集》第八卷，福建教育出版社 2002 年版，第 483 頁。
〔註 107〕朱謙之：《朱謙之文集》第八卷，福建教育出版社 2002 年版，第 481～482 頁。

理論上主要是繼承了辯證法思想，另一方面就是重視實踐，施諸行動。

　　其三，雖然朱謙之說日本陽明學派不是直接受王陽明的影響，但是我們看朱謙之的論述，日本陽明學的思想家如中江藤樹所講的見良知（本體），熊澤蕃山所講的天人合一、體用一源的良知，三輪執齋的四言教，春日潛庵的致良知，大鹽中齋的良知說等都是受陽明學說的影響，這是無可質疑的了。

第四節　與井上哲次郎及永田廣志的研究比較

一、與井上哲次郎「三書」的比較

　　對日本的朱子學、古學和陽明學的研究，在朱謙之之前有日本學者的相關著作，其代表是井上哲次郎。也有一些學者認為朱謙之研究的基本觀念和學術體系來源於井上哲次郎的著作，否認朱謙之在這一領域研究的貢獻。〔註108〕在從以上從中國哲學影響日本思想的角度，對朱謙之對日本的朱子學、古學及陽明學的研究分析，比較井上哲次郎的《日本朱子學派之哲學》、《日本古學派之哲學》、《日本陽明學派之哲學》三書，我們可以看到這種看法實際上是不嚴謹的。任何研究都需要在前人基礎上去開拓，有繼承才有發展。可以說，朱謙之與井上哲次郎的研究既有相同點也有很大的差異。並且，在中國的日本哲學史研究領域，朱謙之是有開創之功的。

　　二者的相同之處表現在：他們對日本歷史上思想家的論述方式有近似之處。他們都從思想家的事蹟、著書、學說、宇宙觀、道德論等方面進行個案式的論說；都著重從學派的發展脈絡上釐清師承、思想發展的前後承繼；都注重比較不同思想家之間思想的差異；都注重比較中日思想家的差異，但是井上哲次郎在這方面做的明顯不夠，不過井上也像朱謙之一樣論述了一些日

〔註108〕如嚴紹璗認為朱謙之的《日本的朱子學》、《日本的古學及陽明學》的基本觀念和學術體系來源於井上哲次郎的《日本陽明學派之哲學》、《日本古學派之哲學》、《日本朱子學派之哲學》，朱謙之的《日本哲學史》的基本觀念來源於井上哲次郎與丸山眞男的《日本政治思想史研究》。嚴紹璗說：「不能不提到的就是在關於『江戶儒學』研究這一層面，由於中國研究者對這一學術注意較少，研究不夠，其主流表述長期處於日本井上哲次郎和丸山眞男論述的框架之內，而評論界還欣欣然以為這是我國學人為解析日本文化樹立起的『馬列主義的典範』呢！」（見嚴紹璗寫的「序言」，王青：《日本近世儒學家荻生徂徠研究》，上海古籍出版社2005年版。）

本思想家與宋儒的差異（如井上哲次郎論述古學派山鹿素行與宋儒的差異點、陽明學派熊澤蕃山與陽明的關係）。這裡應該說有朱謙之繼承井上哲次郎的一面，朱謙之也在自己的著作中說道井上著作的重要性，這種繼承性是必然的。

　　二者的不同之處，我們從前面對朱謙之研究情況的論述，可以看到，朱謙之的研究與井上哲次郎的研究相比，在研究的視角、指導思想、研究內容、研究目的上都有所區別：

　　其一，朱謙之的研究視角不同。他注重考察中國文化對日本的影響的一面，注重從中國文化東傳的大背景來論述。如對朱子學的起源的大篇幅論述，從隋唐時代漢文學東漸史略、朱子學之傳播、江戶時代朱子學興盛的原因三部分來敘述中國文化早期東傳日本的大致情況，論述日本朱子學起源的文化背景。而井上哲次郎雖然也有對個別思想家的思想與宋儒的比較，但並不著重去強調這些。

　　其二，朱謙之的指導思想不同。井上哲次郎的研究，是爲了從歷史的考察中找到養成日本人固有的「國民的道德心」；而朱謙之的研究是要用馬克思主義的指導去發現日本朱子學、古學、陽明學中的唯物主義思想部分，以唯物主義思想爲指導，注重階級變動狀況、社會物質根源的考察，以一定的階級立場來定位日本思想家。所以，二者對思想家的評價就不同。朱謙之是從唯物主義哲學思想的立場上評價日本哲學思想的價值的，所以，他與井上哲次郎對一些日本思想家的評價結果就迥然有異。如對伊藤東涯思想的評價，朱謙之說：「東涯本人雖繼承家學，而實未必無異議於其家說，井上哲次郎《日本古學派之哲學》中，一則稱『東涯爲父師仁齋思想所桎梏，毫無自家創見，雖關於道學著書十有餘種，而仁齋學說以外，未曾放一異彩。』再則稱『傾聽東涯之言，許多是關於實行的訓誡而已，毫無一家獨得的學說可以介紹』。實際並不如此，東涯不但系統地整理仁齋遺書，而且進一步發展了唯物主義哲學。」〔註109〕

　　其三，朱謙之的研究內容更豐富。朱謙之不僅從倫理學上，還從更寬廣的日本思想史、文化史、文化交通史、經濟史、佛教史、神道史等角度對日本朱子學、古學、陽明學展開論述；他對大阪朱子學派和水戶學派都列專門

〔註109〕朱謙之：《朱謙之文集》第八卷，福建教育出版社2002年版，第400頁。

章節進行詳細地史料梳理、思想闡述；他也全面考察了日本哲學史，井上哲次郎只是關於朱子學、古學、陽明學的論述。並且，在朱謙之的論述中，可以看到他與井上哲次郎關於一些具體思想家學派的劃分，思想的評價都是不同的。

其四，朱謙之的研究目的不同。朱謙之對日本朱子學、古學、陽明學的論述，是其整體考察日本哲學發展史的一部分，是作爲日本唯物主義思想發展的準備期的定位來論述的。井上並沒有這樣的視野。

二、與永田廣志的著作比較

永田廣志的《日本哲學思想史》是朱謙之研究日本哲學史之前的日本哲學界惟一的以馬克思主義觀點闡述日本哲學思想發展的著作。朱謙之在其所著《日本哲學史》中對永田廣志的日本哲學思想史的三本唯物主義著作《日本唯物主義史》、《日本封建制的意識形態》、《日本哲學思想史》曾做過簡單地分析，可以肯定地說，永田的著作對朱謙之有一定的影響。不過，永田的《日本哲學思想史》只是日本德川時代思想的論述，而朱謙之的日本哲學史是包括了德川之後的現代日本哲學思想發展的。具體來看：

一是朱謙之肯定了永田廣志的思想史的研究方法，對永田《日本唯物主義史》一書認爲明治唯物主義者不是對歐洲哲學的機械的移植，而必須把握其自身的發展法則的觀點給予肯定。這一點應該對朱謙之主張要把握日本哲學自身的發展規律的看法有相一致之處。

二是朱謙之肯定了永田《日本封建制的意識形態》一書把日本封建哲學作爲一種意識形態來理解。朱謙之引用永田在《日本哲學思想史》的《序說》中講道，要理解日本社會的歷史特質如何制約其哲學意識形態，以及把從歷史考察的方法作爲把握現代思想本質的必要，肯定了永田對日本哲學史研究的開創性。永田的這些思路在朱謙之的日本思想史研究中都有所體現。

三是朱謙之對永田廣志的一些看法的不認同，也表明了他對日本哲學史的研究對永田廣志的超越。如他講永田沒有從政治立場分析中江兆民與加藤弘之，造成其「對於加藤，輕視其思想的反動性，對於中江則反輕視其進步性」〔註110〕，把二人的哲學本質弄糊塗了。還有朱謙之認爲永田對於代表天

〔註110〕朱謙之：《朱謙之文集》第九卷，福建教育出版社 2002 年版，第 330 頁。

皇主義的意識形態的復古神道估價過高，對於佛教的社會的根據也認識不足。他還對永田認爲日本過去的哲學思想一般地尚未展開、日本哲學史的研究價值很小的觀點進行批評：

> 永田對於日本哲學思想的總的評價，恐怕不能完全說是正確的。首先，哲學史就是唯物主義與唯心主義鬥爭的歷史，這即在日本也並非例外。日本哲學史是日本的唯物主義哲學的胚胎、發生、發展的歷史，是以唯物主義思潮爲主，不應該強調「宗教的及道學的性質之優越」爲其「主要特徵」。日本雖然是哲學的後進國，但仍不能說「沒有哲學」。日本也有其自己的哲學傳統，而且無論日本或中國很早即表現著哲學思想發展的民族條件和國際條件的統一和相互聯繫，但這相互聯繫之中，例如日本受了中國思想影響，但也反過來影響中國，這種相互作用，永田沒有意識到。例如儒學，在日本和在中國即有本質上不同。日本儒學是按日本哲學本身的發展規律而發展，……。要說日本哲學史的研究價值不大，那麼怎樣說明維新以來，日本在資本主義文明，甚至在馬克思主義思想的傳播上曾對中國發生了影響呢？〔註111〕

這一段話實際上就主要說明了朱謙之對日本哲學史的主要觀點：（1）日本有哲學；（2）日本哲學史研究的主導思想應該是以日本唯物主義思想的發展爲主；（3）日本哲學發展有它自身的特殊發展規律；（4）日本哲學與中國哲學是相互影響的；（5）日本哲學史研究有其自身的價值。通過這些觀點的比較，我們也比較容易地區分朱謙之與永田廣志研究的區別了。

〔註111〕朱謙之：《朱謙之文集》第九卷，福建教育出版社 2002 年版，第 332 頁。

第四章　中國哲學對歐洲思想的影響

　　中國哲學對歐洲現代文明曾經產生一定程度上的影響。朱謙之在這一方面的研究也是比較早的。他主要探討了中國原始儒學與宋代儒學被耶穌會士介紹到歐洲，在當時歐洲的社會歷史條件下，對法國思想和德國思想的影響情況。

　　他的中國哲學在 17 到 18 世紀對歐洲影響的研究，為我們提供了這樣一種視野，世界史的發展絕不是歐洲資本主義文明的單方面輸出，甚至在歐洲 17 到 18 世紀的思想啓蒙到大革命時期，其文明發展也有外來的中國哲學思想的影響。並且，西方近現代文明的源動力不僅僅是古希臘文明的復興，它還有著重要的中西文化與哲學思想的交流與碰撞，這也說明人類文明近代以來發展的互動性。

　　朱謙之 20 世紀 30 年代開始的對 17、18 世紀中國哲學對歐洲思想影響的探討，無疑彌補了我們關於這一重要歷史事實有所忽視的狀況。這也啓發我們，在一定的社會條件下，中國哲學以其普適性可以對世界其他民族產生重要的積極影響。當前我們也要把中國哲學與中國文化更好地推向世界，促進人類文明的互動與良好發展。

第一節　概　況

　　張岱年先生曾經說過：「朱謙之先生是現代著名的哲學史家、哲學家，著作宏富，對於中國哲學史、東方哲學史有精湛的研究，作出了重要的貢獻，所著《中國哲學對歐洲的影響》價值尤高。」〔註1〕張岱年先生對朱謙之中國

─────────────

〔註 1〕 張岱年：《紀念朱謙之誕生 100 週年》，《世界宗教文化》，2000 年第 2 期。

哲學影響歐洲思想的研究的看重也說明了這一研究成果的價值。

當前學術界對朱謙之的這一研究，一般認為他是中學西傳研究的開創者，如黃一農說：「我們也應嘗試將研究的視野打開，不要將目光局限在中國或耶穌會，不僅有必要去理解並探討當時世界的政治經濟局勢和教會內部的生態，對天主教傳華所產生的影響對朱謙之在其《中國哲學對於歐洲的影響》一書中所開創的重要研究方向，也應努力繼承，以調整先前的偏頗，而能更進一步對當時中、歐文明所出現的雙向交流有一較全面的掌握。」〔註2〕張西平認為，中國學者「對耶穌會士們所完成的『中學西傳』的研究相對較為薄弱。朱謙之先生是這一方面研究的開拓者，……」〔註3〕。實際上，20世紀20年代就有史學界人士注意到16到18世紀中歐文化的交流，如向達的《中西交通史》（1924），張星烺的《中西交通史料彙編》（1930）等，但還沒有從中國哲學影響歐洲的角度來立論。可見，朱謙之在中國哲學西傳的研究上也是有重要的開創之功的。

1940年商務印書館出版了朱謙之的《中國思想對於歐洲文化之影響》以後，雖然是在抗戰期間，流行不廣，但是這本著作還是受到國際上的注意。朱謙之在50年代新修訂本書的序言中曾指出：此書出版後，牛津大學漢學家休斯（E.R.Hughes）在 The Great Learning and the Meanin-action（倫敦版1942年）序言第一章中曾數引用此書；1951年克利爾（Greel）在 Confucius,The man and the myth 書中所列舉研究中、歐文化接觸的七個人中，以朱謙之的這本著作為代表。可見，朱謙之的這一研究也得到了國際上的認可。

20世紀90年代以後，中國學術界對中國文化影響歐洲的研究才逐漸多了起來。一般都是從中西文化交流上或某一個案上來研究的，像朱謙之一樣從哲學上整體論述的基本上還是沒有。如沈偉福的《中西文化交流史》，林金水的《利瑪竇與中國》，孟華的《伏爾泰與孔子》，潘吉星的《中外科學之交流》，曹增文的《傳教士與中國科學》，孫尚揚的《基督教與明末儒學》，李天綱的《中國禮儀之爭》，談敏的《法國重農學派學說的中國淵源》，許明龍的《歐洲18世紀的「中國熱」》，張西平的《中國和歐洲早期宗教哲學的交流史》等著作，另外，也有一些論文論述了中國哲學對歐洲17到18世紀文明的影響，

〔註2〕 黃一農：《明末清初天主教傳華史研究的回顧與展望》，《國際漢學》第4期，第476頁。
〔註3〕 張西平：《中國和歐洲早期宗教哲學的交流史》，東方出版社2001年版，第5頁。

有的從儒家思想對歐洲的影響論述，有的借助朱謙之的研究介紹大體上的情況，但是在哲學層面的研究都沒有超出朱謙之論述的視域。

西方漢學界對中國文化影響歐洲的研究，一直有學者在關注。如英國赫德遜（C.F.Hudson）的《歐洲與中國》（1961），法國維吉爾・畢諾（Virgile Pinot）的《中國對法國哲學思想形成的影響》（1971），法國艾田蒲（René Etiemble）的《中國之歐洲（上、下）》（1988~1989），德國利奇溫（Reichwein.A）的《十八世紀中國與歐洲文化的接觸》（1962）等，基本上對 18 世紀中國與歐洲的接觸、文化交流情況做了分析，不過從中國哲學思想影響歐洲的研究，涉及到的也不多。

朱謙之注意中國哲學對歐洲 17、18 世紀的思想影響是比較早的。據他自己講，他注意中國文化西傳是在 1935 年暑假期間講授《中國文化史十講》〔註4〕的時候，「在第八講裏，首次把眼光移到中國文化西傳的上面」〔註5〕。實際上，他在 1933 年寫的《文化哲學》第九章「文化之地理上分佈（下）」的時候，就提到「中國的形而上學，也使西洋哲學成為康德后德國最盛期之觀念論哲學」〔註6〕，並簡單地談到法國「百科全書派」、黑格爾等受到中國的影響，但由於資料缺乏，他當時並沒有做深入的研究。他於 1935 年到 1938 年期間完成了《中國思想對於歐洲文化之影響》一書，1940 年由商務印書館出版，1956 年左右修改後改名為《中國哲學對歐洲的影響》（1957 年油印本前論之部）。〔註7〕同時，在 1959 年他還在《哲學研究》第 4 期發表了《十八世紀中國哲學對於歐洲哲學的影響》，在這篇文章裏，他認為，18 世紀歐洲哲學思想的來源是希臘和中國，而中國的影響比希臘的影響大，甚至歐洲理性的觀念的來源也是中國的因素多於希臘的因素。中國理學，「在德國古典哲學是當作『辯證法』來接受，那麼，在法國百科全書派無疑乎是當作『唯物論』來接受了」〔註8〕。朱謙之論述中國哲學影響歐洲，主要是法國和德國，下面具體來看。

〔註4〕《奮鬥廿年》中提到 1935 年暑期擔任中等學校教員暑期講習班的文化史講席，《中國文化史十講》應該是講義。
〔註5〕朱謙之：《朱謙之文集》第一卷，福建教育出版社 2002 年版，第 82 頁。
〔註6〕朱謙之：《朱謙之文集》第六卷，福建教育出版社 2002 年版，第 377 頁。
〔註7〕福建人民出版社 1985 年出版，湖北人民出版社 1999 年重印，現收入《朱謙之文集》第七卷，福建教育出版社 2002 年版。
〔註8〕朱謙之：《十八世紀中國哲學對於歐洲哲學的影響》，《哲學研究》1957 年第 4 期，第 49 頁。

第二節　中國哲學對歐洲思想的影響

一、關於影響的時間、對象及具體情況

朱謙之具體討論了影響的時間，認為以 16、17 世紀來華耶穌會士為媒介，孔子哲學逐漸傳入歐洲，而中國哲學對歐洲的影響主要是 18 世紀，18 世紀末 19 世紀初的時候，歐洲的科學文化即希臘文化已經逐漸壓倒中國文化。從現在西方漢學家的著作與耶穌會士的書信來往看，這是符合歷史實際情況的。

他主要從思想觀念上，對 18 世紀的法國和德國思想界受到中國哲學的影響情況作了分析，法國和德國也由於其社會經濟政治條件不同，其思想界對中國哲學的認識有不同。他認為對英國的影響不大，主要是兩個原因：英國功利主義思想影響很大，英國學者站在科學主義立場上對科學文化不發達的中國思想，不容易接受；英國與中國來往比較晚，並且來往的是航海家和商人，他們不如法國和德國的知識分子的接受力。

關於影響的具體情況，朱謙之認為中國儒學中的孔子思想與宋儒理學思想對歐洲影響最大。首先，歐洲的 18 世紀，「在某些人眼裏，『中國』變成 18 世紀歐洲的理想國家，中國的孔子變成 18 世紀歐洲思想界的目標之一，孔子的哲學理性觀也成為當時進步思想的來源之一，其影響遂及於法、德、英各國；雖然各國所受影響不同，而要之以異端的孔子作他們反對宗教主張哲學的護身牌，卻是一致的」〔註9〕。這是說孔子思想所代表的理性哲學成為反對歐洲神學的思想資源。

其次，歐洲的進步人士「將中國文化理想化了，作為大革命之理想目標，當時以爭論禮儀問題，使無論迎拒中國哲學之人，均以宋儒理學為對象。一方面有人認中國哲學為唯物論、無神論而加歡迎，一方面即有人認中國哲學為唯物論、無神論而加攻擊；又一方面有人認中國哲學之理性說為異端外道，一方面即有人擁護此理性說，而對於中國哲學曲加解釋。前者之影響，可以法國麥爾伯蘭基之攻擊中國哲學為例；後者之影響，可以德國萊布尼茨之擁護中國哲學為例。前者之攻擊，其反響為法國百科全書派之無神論的唯物論的哲學；後者之擁護，遂造成德國辯證法觀念論之古典哲學。前者之影

〔註 9〕朱謙之：《朱謙之文集》第七卷，福建教育出版社 2002 年版，第 135 頁。

響，通過法國當時社會經濟條件，助成法國之政治革命；後者之影響，通過德國當時社會經濟條件，助成德國之哲學革命。」〔註10〕宋儒理學也成爲影響法國思想和德國思想的主要思想資源，對法國的影響是啓蒙思想階段助成政治革命，對德國是哲學革命。這是朱謙之對中國哲學影響歐洲思想的總體看法，也是影響的結果。

可見，中國哲學對法國和德國發生影響，是在被理想化的情況下，在不斷的爭論中擴大影響。中國哲學的無神論思想、重視理性的觀念，正好符合當時歐洲的反宗教思想與理性思想潮流的歷史發展需要，在法國和德國發展的特定階段，爲他們提供了一種思想資源。中國哲學在被耶穌會士介紹回去後，被一些啓蒙思想者所提倡、利用，作爲一種思想資源推動了法國的政治革命與德國的哲學革命。

二、中國哲學影響歐洲思想的前奏

朱謙之認爲，中國哲學對歐洲思想的影響，「實以 1645 年至 1742 年天主教徒爭論之禮儀問題，與耶穌會士對宋儒理學之態度爲其關鍵。」〔註11〕這是歐洲逐漸瞭解中國的時期。從禮儀問題的爭論中，實際上加深了歐洲對中國儒家的瞭解；耶穌會士對宋儒理學的態度也導致了教會內部不同派別的論爭，進一步促使歐洲瞭解中國儒家思想。總體上看，我們可以說禮儀問題的爭論是中國哲學影響歐洲思想的前奏。

首先，禮儀之爭導致中國哲學對歐洲思想影響擴大。從 1645 年到 1742 年，由於禮儀問題之爭，最後導致基督教在中國的徹底禁絕一百多年。關於禮儀問題的爭論，主要涉及三個方面的內容，即（1）敬祖之禮（「奉祀祖先牌位是否即爲宗教的儀式？」）；（2）祭孔之禮（「祭祀孔廟是否只爲敬禮，或含有異端之宗教的意義？」）；（3）祭天之禮（「以上帝二字與天字，稱呼造天地萬物的眞宰，是否恰當？」）。關於這幾個根本問題的看法，耶穌會士與多明我會、方濟各會之間有著根本的分歧，耶穌會士內部不管是贊成派、反對派還是折衷派大部分對中國人信仰的態度（禮儀問題）是妥協的，對天主教和中國哲學是相調和的，不像多明我會那樣反對的激烈。

而在歐洲，則引起思想家、宗教家注意中國的問題，區別孔子與基督教

〔註10〕　朱謙之：《朱謙之文集》第七卷，福建教育出版社 2002 年版，第 89 頁。
〔註11〕　朱謙之：《朱謙之文集》第七卷，福建教育出版社 2002 年版，第 15 頁。

的不同，促進了歐洲理性啓蒙運動的發展。朱謙之說，歐洲的思想家「即以不同於基督教的孔子，來做他們啓蒙運動的大旗幟……在哲學家方面如德之萊布尼茨（Lcibniz）、法之伏爾泰等，對於耶穌會派的主張，反而常常加以辯護。這一百年間關於中國禮儀問題的爭論，實即中國思想輸入歐洲之一個良好的時機。……給歐洲思想界以『反基督教』、『反神學』、『反宗教』之哲學的影響，因而促進了歐洲之『哲學時代』」〔註12〕。可見，孔子成爲啓蒙運動的一面旗幟，實際上是啓蒙思想家利用中國儒學的理性思想與無神論思想來反對基督教。

其次，耶穌會士對宋儒理學的反對態度，也在客觀上引起孔子思想影響的擴大。總的來說，耶穌會士對古典儒家持一定的贊同態度，但是對宋儒理學則持反對態度。一方面，一些耶穌會士主張孔子哲學的優越性，孔教與基督教的一致說以及儒學的上帝與天即是主宰的看法。他們對孔子哲學中理性思想的一定程度上的讚美，或者用儒家的仁義禮智信發明基督教教義，或者找尋《大學》、《中庸》、《論語》與基督教一致的思想宣傳教義，或者把中國古代殷周時期「天」的觀念解釋爲主宰之天，爲基督教找尋支撐。另一方面，一些耶穌會士反對理學，反對宋儒。究其根源，是宋儒「理」、「氣」的理性本源觀念排除了上帝創造萬物的神學根本觀念，與宗教的神靈觀完全不同，所以耶穌會士們就一定要站在神學的立場來反對宋儒了。

同時，耶穌會士這種對宋儒的反對也在中國當時造成了一定的影響，一方面有徐光啓、李之藻（對朱子仍肯定）、揚廷筠等均在一定程度上同情、贊成基督教，反對宋儒理氣學說，但是這種影響有限。另一方面，也有很多儒家、佛教人士反對天主教，以《聖朝破邪集》爲代表，儒家學者如楊光先、王啓元等站在理學立場也極力反對天主教，對當時的思想界影響很大。

從上可見，在禮儀問題的爭論中，耶穌會士給歐洲介紹原始儒學以附會其教義，同時也在反對宋儒的過程中，實際上使宋儒的無神論思想、理性思想傳了過去，散佈開來。耶穌會士們的反對，卻使一些啓蒙思想家逐漸有興趣瞭解與研究中國文化、中國哲學。

這也說明，中國哲學影響歐洲的情況，並不是自然地被接受的，而是在爭論中、在逐漸傳播的過程中，被啓蒙思想家發現並利用來反對基督教的。可見，中國哲學在這個時期被歐洲重視，一方面是耶穌會士的主動傳播所造

〔註12〕朱謙之：《朱謙之文集》第七卷，福建教育出版社 2002 年版，第 97 頁。

成的客觀影響，另一方面是中國哲學的觀念符合了歐洲當時的社會歷史發展的需要。當 18 世紀末 19 世紀後，歐洲歷史進入新的發展時期，不再需要這種思想資源時，中國哲學思想的影響就逐漸消退。

三、中國哲學對法國、德國啓蒙運動與革命的影響

（一）中國哲學對法國、德國啟蒙運動的影響

在歐洲啓蒙運動時期，中國儒學的理性無神論思想、道德與政治觀分別給予法國和德國思想界以一定的影響，促使了歐洲思想向近現代科學觀的轉變。

在法國，笛卡爾開啓的法國啓蒙運動時代，其後學被朱謙之分爲三派：右派如巴斯葛借助笛卡爾的思想擁護基督教的，極力反對中國思想；也有左派如倍爾借助笛卡爾的思想宣傳無神論的，用中國的思想爲其辯護；還有中派麥爾伯蘭基主張中國哲學爲無神論，論證、區分了中國的「理」與基督教的「神」，反對中國思想。可以說，他們不論反對或贊成中國思想，均受到中國思想的一定影響。中國哲學的無神論成爲他們論證的武器，反對基督教的就把中國哲學的無神論拿來作爲自己的思想依靠，站在基督教立場上的有神論者當然極力反對中國哲學中的無神論思想了。

在德國，萊布尼茨是首先承認孔子思想影響歐洲的第一人。朱謙之考察了萊布尼茨與耶穌會士的關係以及他們的辯論，指出萊布尼茨認爲中國的道德和政治哲學凌駕於歐洲之上，其單子論、二元算術受到中國《周易》的影響。他借助宋儒的「理」建立自己的哲學思想。其後，沃爾弗也極其崇拜孔子，提倡並講述中國哲學，主張孔子和基督教不衝突，由於其批判神學被政府驅逐出境而得到極大的關注，間接地使中國哲學思想逐漸普遍的影響開來。

（二）中國哲學對法國、德國革命的影響

朱謙之比較了中國哲學影響法國和德國的革命，他說：「同爲孔子思想，德國萊布尼茨、沃爾弗把它當作『自然神教』來接受，而法國百科全書派則當作『無神論』來接受；德國偏於思想的革命，法國偏於政治的革命。」〔註13〕這與兩個國家自身的特點有關係，從它們的實際需要對孔子的思想做了不同的理解。

〔註13〕朱謙之：《朱謙之文集》第七卷，福建教育出版社 2002 年版，第 175 頁。

　　第一，中國哲學對法國革命的影響，一是在思想界造成對法國革命的理想目標，一是在政治經濟思想上，重農學派受到了相當的影響。

　　首先，在法國思想界，法國大革命的哲學基礎是無神論、唯物論與自然主義，朱謙之認為這些思想都直接或者間接借助於中國哲學文化。法國思想界對中國哲學的態度分為兩種：一種是贊成派，以霍爾巴赫、伏爾泰、狄德羅為代表，讚美中國文化。百科全書派成員由於其耶穌會士出身的背景，並且他們大多是該派中具有反叛思想精神的，朱謙之認為他們崇尚的理性正是中國「理之變形」。另一種是反對派，如盧梭、孟德斯鳩，對中國文化一定程度上的吸收的同時持反對態度。朱謙之認為大體上來說，對中國文化贊成者居多。他也指出，受法國百科全書影響下的法國思想界對中國文化的讚美實際上是把中國文化理想化了，為其大革命運動提供理想目標。

　　其次，在法國的經濟界，重農學派的自然法、租稅法及重農政策等也受到中國古代政治經濟思想的影響。魁奈也對孔子思想極為崇拜，被重農學派稱為「歐洲的孔子」。杜閣、亞當·斯密等的主張也受到中國思想的影響。

　　第二，中國哲學對德國革命的影響，一是觀念論哲學的變革，一是啓蒙專制主義的政治改良。

　　首先，對德國思想界的影響，朱謙之說在他之前還沒有人注意到這點。德國古典哲學的前期，因為萊布尼茨和沃爾弗的原因，其不能不間接地受到中國哲學一定程度上的影響。這是有具體的資料可以佐證的，如前所述，萊布尼茨和沃爾弗均受到中國哲學的影響，沃爾弗還因為講授中國哲學而被政治迫害。

　　對康德，朱謙之說康德否定了萊布尼茨，但是卻繼承了「二元算術」，二元算術與中國《易經》關係密切，康德由之得出了「二律背反」，從而間接地受中國思想的影響，這種說法推斷的可能性太多，不能令人信服。

　　對黑格爾《精神現象學》受中國《大學》的影響的分析，他的猜測的成分大些。他說：黑格爾哲學「其根本思想，實從孔子哲學轉變而來」〔註14〕。他認為黑格爾的「絕對理念」來源於儒家「生」的概念，並且認為黑格爾《精神現象學》與《大學》的三綱領八條目「處處相合」。他通過比對二者的體系，說：「《精神現象學》和《大學》之道完全吻合，幾乎可說即是《大學》

〔註14〕朱謙之：《孔子與黑格爾哲學》，《朱謙之文集》第二卷，福建教育出版社2002年版，第225頁。

之翻本，或訂正本，如使不是黑格爾受了孔氏遺書的影響，簡直是無法說明的了。」〔註15〕他的分析主要是從二者的思想體繫上看的，並沒有深入到思想的層面得出可靠的結論，所以猜測的成分大些。另外，德國哲學家叔本華受佛教思想的影響，這也是比較可靠的。

從上，德國觀念論哲學受中國哲學的影響的分析，總體上看很多結論是不能令人信服的，如果說受中國哲學影響的話，也只能是一種間接的影響。

其次，中國哲學對德國啓蒙專制主義的政治改良的影響，朱謙之認爲這種影響的價值不大，他說：「我不願意對於啓明專制政治的影響多所闡述，不但因爲這種政治影響反映了封建社會的殘餘，實在這種影響也沒有很多實在的根據。」〔註16〕他認爲啓明專制主義與當時的大革命思潮不合拍。他認爲儒學對德國的實際政治產生的是副作用。他沒有過多論述，這一點本文不再敘述了。

四、評　價

以上是朱謙之對中國哲學影響歐洲思想的主要探討，我們現在來評價他的研究，可以說價值很大。

其一，他的這一研究通過對16、17、18世紀中國哲學影響歐洲的系統闡述，拓展了人們關於中國哲學的視野，也給予我們新的眼光來估量中國哲學的價值。

近代以來，西方文化的強勢，總使我們的眼光局限於中國的被動接受，而忘記了文明的互動性。東西文化的相互交流是世界歷史發展的重要動力，正如朱謙之所說：「所謂東西文化接觸是文明世界的強大推動力，以孔子爲例，我們可以得到證明。」〔註17〕

正如前文所述，中國哲學在17到18世紀對歐洲的影響研究，爲我們提供這樣一種視野，近代世界歷史的發展不僅僅是歐洲資本主義文明的單方面輸出，甚至在歐洲17到18世紀的思想啓蒙到大革命時期，其文明發展也不是簡單地自身獨立發展的結果。並且，西方近代文明的源動力不僅僅是古希

〔註15〕 朱謙之：《孔子與黑格爾哲學》，《朱謙之文集》第二卷，福建教育出版社2002年版，第227頁。
〔註16〕 朱謙之：《朱謙之文集》第七卷，福建教育出版社2002年版，第231頁。
〔註17〕 朱謙之：《朱謙之文集》第七卷，福建教育出版社2002年版，第250頁。

臘文明的新時代復興，它還有著重要的中西文化和哲學思想的交流與碰撞，這也說明人類近代以來文明發展的互動性。朱謙之 20 世紀 30 年代開始的對 17、18 世紀中國哲學對歐洲思想影響的探討，無疑彌補了我們關於這一重要歷史事實的忽視，這也啓發我們當前要重視在文化上對世界的影響，把中國文化推向世界，促進人類文明的互動與良好發展。

其二，他的著作中也有些結論不能令人信服。如前所述，在中國哲學影響德國古典哲學思想家如康德、黑格爾的分析就有些臆斷，並沒有眞實的依據，如果說受中國哲學影響的話，也只能是一種間接的影響。這些都有待於我們進一步去研究。

其三，中國哲學影響歐洲思想只是在某一特定時期（主要是 18 世紀），這種影響只是在客觀上起到對歐洲歷史發展的促進作用，歐洲文明的發展有它自身特定的前進規律，中國哲學思想只是適合了歐洲近代資本主義文明發展的某種要求，被法國和德國拿去做了一定程度上的抬高（理想化），當這個需要過去後，中國哲學文化的影響就減弱了。這也提示我們，當前我們在世界各國家辦孔子學院，一方面是讓世界瞭解我們，另一方面，如果要使中國哲學眞正地對世界其他民族產生一定的影響的話，一定是中國哲學的某些觀念可以符合當地社會的某些需要，當然，我們可以做某些推動和引導，但是，一定要注意思想的影響畢竟離不開當地的實際社會需要。中國哲學與中國文化要影響世界其他民族，首先是被瞭解和與當地文明發展的結合問題，而不是想當然地去「影響」他人。

其四，中國哲學影響歐洲思想的實際情況的探討，使我們看到這種影響並不是中國有意地輸出，而是歐洲社會主動地前來研究，這種向外影響是被動的。這也提醒我們，文化交流的互動性需要有意地、主動地向外輸出，而哲學思想的輸出無疑是向外影響的思想核心部分，需要我們當前對中國傳統文化做更好的詮釋和創新，並主動地向世界輸出。這也是一個國家文化軟實力的重要方面。

結　語

　　通過本文的研究，我們可以從以下幾個方面把握朱謙之的哲學與哲學史的研究：

　　一、朱謙之的哲學與哲學史研究是有很大的貢獻的。我們應該重視他的研究成果。他的哲學理論創建是發展中國哲學的有益嘗試，功底深厚的《老子校釋》得到普遍讚譽，老莊哲學的研究也獨具特色。他的《中國哲學史史料學》是現代較早地進行專題性研究的富有特色的著作。把他的中國哲學史史料學研究與中國哲學史研究結合來看，朱謙之與其同時代學者的中國哲學史研究以唯物史觀的視野，更深入地把握了中國哲學思想的發展史。對比胡適、馮友蘭第一代學人來看，他們在這一領域實際上做了相當大地推進。他的研究展現了中國哲學對日本和歐洲的影響，突出了中國哲學對世界的貢獻以及中國哲學的普世價值。

　　二、虛無主義和唯情哲學的理論構建是在本體論層次上的哲學創建，並在客觀上對儒家思想作了一定的發展。從第一章的論述可以看到，朱謙之早期的中國哲學史研究，是為了自己哲學理論上的創建服務的。他的這種創建是以追求自由和真理為核心，以道、儒、佛的傳統文化資源為基礎，結合西學思想與其對時代特點的思考，逐漸形成了獨具特色的虛無主義和唯情哲學。並且，他的研究是本體論上的，虛無主義是「體用二分」的，唯情哲學是「體用合一」的。另外，其唯情哲學理論在客觀上發展了儒家哲學。

　　三、他從中國哲學對日本影響的角度研究了日本哲學史，實際上是這個學科在中國的開創者。他從唯物史觀的角度對日本哲學史的研究，也是中日這一領域研究成果中最重要的著作，至今還鮮有人能超越。他對日本儒學主

要是日本朱子學、古學與陽明學的研究，使我們看到，德川時期中國古典儒學孔孟思想與宋代儒家思想對日本的影響最大。朱謙之 20 世紀 50 年代的研究代表了他對日本哲學史研究的主要成果。他的研究在日本哲學通史和中日哲學比較研究兩個方面比較突出，既對日本的朱子學、古學和陽明學以及整個日本哲學史進行了比較全面的研究，同時也注意中日哲學家的相互影響和思想比較。他偏重於從唯物主義思想史來看待日本的哲學史，他對「日本馬克思主義唯物哲學的形成」的三個時期的劃分，實際上就是對日本哲學史的三個時期的劃分。總體上看，應該給予朱謙之的定位是：他是中國的日本哲學史學科的開創者。他關於日本哲學史的研究，超越了日本以往的研究，用全新的視野開創了中國的日本哲學史學科。

四、他的中國哲學對歐洲影響的研究，實際上也是中國這一領域的開創者之一。並且，在國內國外學術界，從哲學層次論述這一問題的很少，他的著作最有分量。他也比較早地從哲學層面對中國哲學影響歐洲的具體情況做了考察。他通過對 16、17、18 世紀中國哲學影響歐洲的系統闡述，拓展了人們的視野，也給予我們新的眼光來估量中國哲學的普世價值。從他的研究中我們看到，中國哲學影響歐洲的被動性，以及中西文化接觸促進人類文明發展的重要性，這也提醒我們當前要主動加強文化的輸出，加強與世界其他國家的文化交流，促進人類文明的發展。

參考文獻

一、朱謙之的著作

1. 《朱謙之文集》第 1～10 卷,福建教育出版社 2002 年版。

2. 《虛無主義與老子》,《新中國》雜誌第一卷第 1～2 號,1920 年 1 月 2 日。

3. 《現代思潮批評》,《新中國》雜誌社 1920 年版。

4. 《朱謙之文集》,中山大學出版社 2004 年版。

5. 《朱謙之選集》,黃夏年編,吉林人民出版社 2005 年版。

6. 《日本的朱子學》,人民出版社 2000 年 12 月版。

7. 《日本的古學及陽明學》,人民出版社 2000 年 12 月版。

8. 《日本哲學史》,人民出版社 2002 年 6 月版。

二、介紹性、研究性的著作和論文

1. 戴康生:《朱謙之傳略》,中國社會科學院科學研究所編:《中國哲學年鑒》,中國大百科全書出版社 1985 年版。

2. 戴康生:《朱謙之》,劉啓林主編:《當代中國社會科學名家》,社科文獻出版社 1989 年版。

3. 黃夏年:《日本的朱子學〈跋〉》,見朱謙之:《日本的朱子學》,人民出版社 2000 年 12 月版。

4. 黃夏年:《日本的古學及陽明學〈跋〉》,見朱謙之:《日本的朱子學》,人民出版社 2000 年 12 月版。

5. 黃夏年:《日本哲學史〈跋〉》,見朱謙之:《日本的朱子學》,人民出版社 2002 年 6 月版。

6. 黃夏年：《朱謙之先生的學術成就與人格風範》，《宗教比較與對話》第二輯，社會科學文獻出版社 2000 年版；收入《朱謙之選集》，黃夏年編，吉林人民出版社 2005 年版。

7. 黃夏年：《朱謙之著述目錄》，《世界宗教研究》1999 年第 2 期。

8. 秦一散：《一種時空對應的文化尋繹》，福建論壇 1990 年第 5 期。

9. 董德福：《朱謙之生命哲學初探》，《福建論壇》文史哲版 1993 年第 4 期。

10. 董德福：《朱謙之哲學思想梳要》，《鎮江師專學報》2001 年第 3 期。

11. 董德福：《朱謙之的「唯情哲學」》，《生命哲學在中國》，廣東人民出版社 2001 年版。

12. 曾德雄：《鑒往知來：略論朱謙之的歷史哲學》，《開放時代》1995 年第 5 期。

13. 曾德雄：《朱謙之的仁論與儒學的承續》，《廣東社會科學》1996 年第 2 期。

14. 洪九來：《略論朱謙之的文化觀》，《中州學刊》1995 年第 5 期。

15. 張國義：《近現代東西文化互動中的生命哲學》，載於 http://www.zisi.net/htm/ztlw2/xfzx/2005-05-10-19439.htm

16. 張國義：《朱謙之與西方生命史觀的輸入與改造》，《東亞學研究》，學林出版社 2000 年版。

17. 張國義：《朱謙之的日本哲學史研究》，盛邦和、井上聰主編：《新亞洲文明與現代化》，學林出版社 2003 年版。

18. 張國義：《朱謙之學術研究》，華東師範大學 2004 年度博士學位論文。

19. 張國義：《一個虛無主義者的再生：五四奇人朱謙之評傳》，中國文聯出版社 2008 年 3 月版。

20 張國義：《朱謙之先生學術年譜》，《世界宗教研究》，2004 年第 3 期。

21. 方用：《朱謙之「唯情哲學」批判》，《華東師範大學學報》2003 年第 4 期。

22. 方用：《試論朱謙之〈周易哲學〉中的「情」》，《周易研究》2007 年第 3 期。

23. 方用：《試論朱謙之唯情哲學的理想人格》，《蘭州學刊》2007 年第 4 期。

24. 張書學：《中國現代史學思潮研究》，湖南教育出版社 1998 年版。

25. 卞崇道：《現代日本哲學與文化》，吉林人民出版社 1996 年版。

26. 劉夢義、陶德榮：《中國當代哲學史稿（1949～1966）》，四川人民出版社 1987 年版。

27. 袁偉時：《中國現代哲學史稿》（上卷），中山大學出版社 1987 年版。

28. 王亞南：《社會科學新論》，經濟科學出版社 1946 年版。

29. 汪澍白主編：《文化衝突中的抉擇——中國近代人物的中西文化觀》，湖南人民出版社 1989 年版。

30. 黃敏蘭：《知識線進化的生命史觀》，《學術救國——知識分子歷史觀與中國政治》，河南人民出版社 1995 年版。

31. 張岱年：《紀念朱謙之誕生 100 週年》，《世界宗教文化》2000 年第 2 期。

32. 趙立彬：《西方理論與朱謙之的文化學思想——以《文化哲學》為中心》，《中山大學學報（社會科學版）》，2006 年第 1 期。

33. 黃心川：《朱謙之與〈中國景教〉》，《世界宗教研究》，1993 年第 1 期。

34. 黃心川：《百科全書式的學者朱謙之先生》，朱謙之：《中國景教》，東方出版社 1993 年版。

35. 黃心川：《序》，《朱謙之文集》第一卷，福建教育出版社 2002 年版。

36. 黎紅雷：《中大人文精神的奠基者——〈朱謙之文集〉前言》，《朱謙之文集》，中山大學出版社 2004 年版。

37. 李同樂：《朱謙之的「唯情哲學」》，華東師範大學 2007 屆碩士論文。

38. 洪慧貞：《朱謙之文化哲學》，福建師範大學 2008 年度碩士論文。

39. 羅檢秋：《朱謙之與道家》，陳鼓應主編：《道家文化研究》第二十輯，三聯書店 2003 年 9 月版。

40. 任吉悌：《批判朱謙之「十八世紀中國哲學對歐洲哲學的影響」》，《哲學研究》，1958 年第 7 期。

41. 任俊明、陶德榮：《中國當代哲學史》，社科文獻出版社 1999 年版。

42. 森紀子：《二十年代中國的「國粹主義」和歐化思潮》，中國現代文化學會編：《東西方文化交流的道路與選擇》，四川人民出版社 1993 年版。

43. 許冠三：《新史學九十年》，嶽麓出版社 2003 年版。

三、其他相關著作和文章

1. 梁漱溟：《東西文化及其哲學》，商務印書館 1999 年版。

2. 艾思奇：《二十二年來之中國哲學思潮》，《艾思奇文集》第 1 卷，人民出版社 1981 年版。

3. 高軍等編：《無政府主義在中國》，湖南人民出版社 1984 年版。

4. 高瑞泉主編：《中國近代社會思潮》，華東師範大學出版社 1996 年版。

5. 蔣俊、李興芝：《中國近代的無政府主義思潮》，山東人民出版社 1991 年版。

6. 陳漢楚：「無政府主義在中國的傳播和影響」，中國哲學編輯部編輯：《中國哲學》（第七輯），三聯書店 1982 年版。

7. 吳雁南、馮祖貽、蘇中立主編：《清末社會思潮》，福建人民出版社 1990

年版。

8. 鍾離蒙、楊鳳麟主編：《中國現代哲學史資料彙編（第一集第四冊）無政府主義批判》，遼寧大學哲學系編 1981 年。

9. 井上哲次郎：《日本朱子學派之哲學》，東京富山房 1902 年版。

10. 井上哲次郎：《日本古學派之哲學》，東京富山房 1903 年版。

11. 井上哲次郎：《日本陽明學派之哲學》，東京富山房 1900 年版。

12. 王家驊：《儒家思想與日本文化》，浙江人民出版社 1990 年版。

13. 卞崇道：《日本哲學研究 40 年》，北京日本學研究中心編：《中國日本學年鑒 1949～1990》，科技文獻出版社 1991 年版。

14. 卞崇道主編：《跳躍與沉重——20 世紀日本文化》，東方出版社 1999 年版。

15. 卞崇道主編：《戰後日本哲學思想概論》，中央編譯出版社 1996 年版。

16. 卞崇道等：《安藤昌益、現代、中國》，山東人民出版社 1993 年版。

17. 王守華、卞崇道：《日本哲學史教程》，山東大學出版社 1989 年版。

18. 馮友蘭：《中國哲學史史料學初稿》，上海人民出版社 1962 年版。

19. 張岱年：《中國哲學史史料學》，三聯書店 1982 年版。

20. 劉建國：《中國哲學史史料學概要》，吉林人民出版社 1983 年版。

21. 蕭萐父：《中國哲學史史料源流舉要》，武漢大學出版社 1998 年版。

22. 劉文英主編：《中國哲學史史料學》，高等教育出版社 2002 年版。

23. 石峻：《中國哲學史史料學講義》，《石峻文存》，華夏出版社 2006 年版。

24. 胡適：《中國哲學史大綱》，上海古籍出版社 1997 年版。

25. 馮友蘭：《中國哲學史》（上冊），中華書局 1961 年版。

26. 張岱年：《中國哲學大綱》，中國社會科學出版社 1982 年版。

27. 侯外廬、趙紀彬、杜國庠：《中國思想通史》第一卷，人民出版社 1957 年版。

28. 徐水生：《道家思想與日本哲學的近代化——以西周、中江兆民、西田幾多郎爲例》，臺灣《鵝湖》月刊 2007 年第 1 期。

29. 徐水生：《中國古代哲學與日本近代文化》，臺灣文津出版社 1993 年 10 月初版。

30. 徐水生：《略論道家思想在日本的傳播》，《道家文化研究》第十輯，北京三聯書店出版 1996 年版。

31. 徐水生：《中國古代哲學對日本近代文化的影響》，《中國社會科學》1994 年第 4 期。

32. 張西平：《中國和歐洲早期宗教哲學的交流史》，東方出版社 2001 年版。

33. 黃一農：《明末清初天主教傳華史研究的回顧與展望》，《國際漢學》第 4

期。

34. 任繼愈：《老子繹讀》，北京圖書館出版社 2006 年版。

35. 朱舜水：朱謙之整理，《朱舜水集》（全二冊），中華書局 1981 年版。

附一：研究綜述

　　朱謙之（1899～1972），字情牽，我國當代哲學家、哲學史家，一生學術研究涉及哲學、歷史、政治、經濟、文學、宗教、文化、音樂等方面，被稱為「百科全書式的學者」。他一生興趣和思想多變，並多有創新和開拓。

　　他的虛無主義思想、唯情哲學、中國哲學史研究、日本哲學史研究、中西文化交流史研究、歷史哲學研究、文化哲學研究、現代史學理論等在近現代中國學術史上都曾經產生過一定的影響，有些方面還是具有學科開創性的。但現在的哲學史著作很少有他的位置，深入的研究論文也不多見。直到現在，他的哲學思想及其對哲學史的研究還沒有得到普遍的重視與系統的梳理，導致我們對他的學術貢獻還不能清晰把握。關於他的哲學思想和哲學史研究，學術界也僅有若干篇文章對此做了不詳盡的介紹，還沒有一本專著來論述；僅有的一篇史學史方面的博士論文，對他一生的學術研究進行了比較全面地介紹性梳理，但是對他的哲學史研究和思想內核還沒有深入挖掘。隨著朱謙之著作的不斷整理與發表，尤其是福建教育出版社十卷本《朱謙之文集》的整理出版，對朱謙之的哲學思想和哲學史研究進行系統性、全面性地深入研究已經比較方便。闡明他對中國哲學思想的創建、中國哲學史研究、中國哲學對日本與歐洲的影響等方面的學術貢獻，梳理他從五四時期一直到建國以後各時期的思想變遷與真實思想面貌，把握他對時代的思考與學術貢獻無疑有重要的學術意義，並且從他這一個例的探討也可以為我們提供更為豐富的現當代學術視野。

　　王亞南先生較早地稱朱謙之是哲學家、歷史學家、文學家、美術學家、「百科全書家」〔註1〕，並評述了朱謙之的東西文化觀。張岱年先生稱：「朱謙之

───────────────
〔註1〕 王亞南：《社會科學新論》，經濟科學出版社1946年版，第103頁。

先生是現代著名的哲學史家、哲學家，著作宏富，對於中國哲學史、東方哲學史有精湛的研究，作出了重要的貢獻，所著《中國哲學對歐洲的影響》價值尤高。」〔註2〕戴康生、黃心川、黃夏年、黎紅雷等學者對朱謙之的生平治學做了介紹、著作目錄做了整理，對其文化哲學、歷史哲學、比較文化研究等方面有介紹性、研究性的文章，這些研究性的介紹提供了基本的、重要的信息，富有啓發意義。其他也有很多零星的著作中介紹朱謙之的生平和著作，但都沒有系統地去研究，只是某一個側面的揭示。學術界對朱謙之的哲學史研究及其學術思想研究可以概括爲以下幾個方面：

（一）虛無主義與唯情哲學方面

蔣俊、李光芝的《中國近代的無政府主義思潮》〔註3〕專闢一節「『新虛無主義』與無政府主義」論述了朱謙之的「新虛無主義與無政府主義的聯繫，看他怎樣由虛無主義走上了無政府主義」〔註4〕。作者簡單地談了朱謙之的新虛無主義的特點後，得出了幾點看法：第一，它表現了一種失常的小資產階級知識分子的悲觀主義心理。第二，新虛無主義爲無政府主義提供了一個理論基礎。第三，「五四」時期的朱謙之不僅是一個唯心主義者，而且還是一個極端的個人主義者。第四，朱謙之否定一切、破壞一切的虛無主義思想在一定時期、一定範圍、一定程度上有解放思想的積極作用。同時，本書還把朱謙之的「大同共產主義」放在無政府主義國粹化裏來看待，認爲朱謙之把現代的無政府主義披上了古代的服裝。「《大同共產主義》的作者高唱人性互助，主張禮樂治世，呼喚均平世界，禮贊井田制度，一方面把儒家思想無政府主義化了，另方面又把無政府主義儒家化了。」「朱謙之的《大同共產主義》與戴季陶主義可謂一脈相承，其目的也是爲了用所謂的『民族傳統』與馬克思主義對抗。但是，無政府主義既然降尊爲儒家思想的奴婢，它也就失去了僅存的一點批判舊傳統的作用，而成爲維護舊思想的工具了。」〔註5〕這些看法雖看到了虛無主義的缺陷，但並沒有眞正瞭解朱謙之虛無主義思想與無政府

〔註2〕 張岱年：《紀念朱謙之誕生100週年》，《世界宗教文化》，2000年第2期。
〔註3〕 蔣俊、李光芝：《中國近代的無政府主義思潮》，山東人民出版社1991年版。
〔註4〕 蔣俊、李光芝：《中國近代的無政府主義思潮》，山東人民出版社1991年版，第229頁。
〔註5〕 蔣俊、李光芝：《中國近代的無政府主義思潮》，山東人民出版社1991年版，第327頁。

主義的關係，實際上把虛無主義與無政府主義的關係弄反了，也沒有看到虛無主義思想的本體論創建意義。

董德福的《朱謙之生命哲學初探》〔註6〕一文主要探討了生命哲學在20世紀早期傳播中國的過程中，朱謙之虛無主義和唯情哲學所受西方生命哲學的影響。張國義的《朱謙之與西方生命史觀的輸入與改造》〔註7〕一文分析了朱謙之的虛無主義與唯情哲學的思想方法，認爲他的方法主要是柏格森生命哲學與黑格爾辯證法的結合。他還在《近現代東西文化互動中的生命哲學》〔註8〕中認爲在朱謙之虛無主義思想的形成中，生命哲學扮演了思想方法的角色。他認爲朱謙之將柏格森的「創造進化論」改造爲他的「流行進化說」。朱謙之的流行進化說在《革命哲學》一書表現爲虛無主義的流行進化說，在《周易哲學》中表現爲眞情主義的流行進化說。這些對朱謙之思想來源的探討無疑是很有意義的，不過他們忽視了朱謙之方法論的中國傳統因素。西方哲學對朱謙之的影響是外在的，是促使他思考、構建哲學本體論的一大原因，中國傳統哲學儒家和道家的影響則更爲重要。

方用的三篇文章《朱謙之「唯情哲學」批判》、《試論朱謙之〈周易哲學〉中的「情」》、《試論朱謙之唯情哲學的理想人格》〔註9〕集中探討了朱謙之的唯情哲學，認爲朱謙之的唯情哲學試圖以「情」發掘和重建儒家的形而上學，對「情人」的理想人格做了論述，唯情哲學對於唯理性哲學具有糾偏作用，而且對於全面地理解個體生命，對於哲學的健全發展，都具有一定的啓發作用。方用的探討實際上也啓示我們，要重視朱謙之對儒家思想在近代的拓展，重視他從虛無主義到唯情哲學的理論創建價值，他在客觀上拓展了傳統儒家的心性論。

李同樂的碩士論文《朱謙之的「唯情哲學」》一文比較全面地論述了唯情哲學，認爲「自始至終『唯情哲學』都在表達著一種對自由的追求，同時也提出了實現這種自由的社會主張。這種自由是源於人類的自然情感，是『任情的自由』，它不受理性的約束。朱謙之提出『唯情哲學』正是在『五四』以

〔註6〕《福建論壇》文史哲版，1993年第4期。

〔註7〕《東亞學研究》，學林出版社2000年版。

〔註8〕http://www.zisi.net/htm/ztlw2/xfzx/2005-05-10-19439.htm

〔註9〕方用：《朱謙之「唯情哲學」批判》，《華東師範大學學報》（哲社版），2003年第4期；《試論朱謙之〈周易哲學〉中的「情」》，《周易研究》2007年第3期；《試論朱謙之唯情哲學的理想人格》，《蘭州學刊》2007年第4期。

後科學主義大行其道的時期，在啓蒙現代性，即理性現代性語境下，『唯情哲學』提出了另一種對中國現代性的設計。」〔註10〕作者從現代性的視野對唯情哲學給予了充分的肯定，從本體論、認識論、人性論、政治觀上進行了論述，是當前比較系統地探討唯情哲學的一篇論文。作者把握了朱謙之思想中的「自由」這一核心觀念無疑是很重要的，但作者把虛無主義看作唯情哲學思想的前期，實際上並不妥當。文章中間也有些地方闡述不清或者將朱謙之的文章解釋錯誤的，如說朱謙之將變化本身作爲宇宙的本體，運動是實在的本體等〔註11〕。

（二）歷史哲學、史學理論與文化哲學方面

曾德雄的《鑒往知來：略論朱謙之的歷史哲學》〔註12〕一文分析了朱謙之的歷史哲學思想，認爲朱謙之的歷史哲學提倡歷史研究爲現實服務，主張整體性的歷史觀，將歷史學的對象確定爲人類思想的發展過程，但是朱謙之將人類思想與活動分割開的傾向是錯誤的。他還在《朱謙之的仁論與儒學的承續》〔註13〕一文中把朱謙之的本體論放在傳統儒家「仁」的觀念上，認爲朱謙之直承孟子、王陽明，但是其方法已經是全新的，在有意無意間，朱謙之發展了儒學。這種探討雖然只是從朱謙之一個時段的思想進行研究，但無疑是很有啓發性的。

洪九來的《略論朱謙之的文化觀》〔註14〕一文在總體上肯定了朱謙之的文化觀，也指出了其缺點。他認爲朱謙之的文化史理論是「多涉取少創建」的，但也是有自己的特色。他認爲其優點有二：一是擺正了中國文化在世界文化關係中的位置；二是對文化的時代性與民族性關係處理得較爲確切，缺點是朱謙之的文化觀帶有調和論色彩，具有空想性、不現實性。這些探討都是極爲細緻的。蘇仲湘的《朱謙之的中西文化觀》〔註15〕主要依據朱謙之的《文化哲學》介紹了朱謙之的文化觀。

〔註10〕 李同樂：《朱謙之的「唯情哲學」》，華東師範大學 2007 屆碩士論文，第 46 頁。
〔註11〕 李同樂：《朱謙之的「唯情哲學」》，華東師範大學 2007 屆碩士論文，第 22 頁。
〔註12〕 《開放時代》，1995 年第 5 期。
〔註13〕 《廣東社會科學》，1996 年第 2 期。
〔註14〕 《中州學刊》，1995 年第 5 期。
〔註15〕 汪澍白主編：《文化衝突中的抉擇——中國近代人物的中西文化觀》，湖南人民出版社 1989 年版，第 480～497 頁。

　　趙立彬在《西方理論與朱謙之的文化學思想——以〈文化哲學〉爲中心》〔註16〕一文中認爲朱謙之建立的文化學體系是獨特的，被視爲先驅者。他探討了朱謙之的文化學思想的主要內容和理論淵源。洪慧貞的碩士論文《朱謙之文化哲學研究》〔註17〕，集中探討了朱謙之的文化哲學思想體系，做了比較全面的分析和評價。

　　許冠三的《新史學九十年》〔註18〕一書中專闢一章，把朱謙之放在史觀學派裏來談，作者主要探討了朱謙之的歷史哲學和史學史。他認爲朱謙之的「歷史哲學」可分爲兩大類：「一論歷史、社會或文化演進的法則和理解歷史文化變遷所用的準則和方法，即通常所說的史觀；二議史學界說、研究的宗旨和方法以及意義。」〔註19〕作者認爲朱謙之的進化史觀的論旨從1924年起，之後的20年有三變，最終形成有自己特色的建立在黑格爾主義與孔德主義基礎上的歷史哲學，並形成了自己的文化哲學。作者還梳理了朱謙之的歷史方法論，認爲其「歷史發生論結構，是以孔德社會進化三級論爲體，以黑格爾思維三分辯證法爲用，更輔之以宣勒爾的認識形質三分說。」〔註20〕另外，作者還討論了朱謙之對中國史學史的階段劃分。

　　張書學的《中國現代史學思潮研究》〔註21〕把朱謙之作爲抗戰時期相對主義史學思潮的代表人物之一。他認爲朱謙之的歷史本體論「只注重邏輯推演和『歷史法則』的建構，而缺乏經驗基礎和歷史知識根據，他的歷史認識論也只是摭拾西方的一些學說，強調歷史認識的現代性，既沒有像梁啓超、何炳松對歷史學的認識特點進行論述，更沒有象常乃德那樣對歷史認識的過程給予系統、深入的探究。他的論著給人的印象彷彿只是一些概念的堆積和邏輯推演的遊戲而已，其理論難以讓人理解、相信並接受，是沒有長遠生命力和實際效用的。」〔註22〕

〔註16〕趙立彬：《西方理論與朱謙之的文化學思想——以〈文化哲學〉爲中心》，《中山大學學報（社會科學版）》，2006年第1期。

〔註17〕洪慧貞：《朱謙之文化哲學研究》，福建師範大學2008年度碩士論文。

〔註18〕許冠三：《新史學九十年》，嶽麓出版社2003年版。

〔註19〕許冠三：《新史學九十年》，嶽麓出版社2003年版，第313頁。

〔註20〕許冠三：《新史學九十年》，嶽麓出版社2003年版，第324頁。

〔註21〕張書學：《中國現代史學思潮研究》，湖南教育出版社1998年版。

〔註22〕張書學：《中國現代史學思潮研究》，湖南教育出版社1998年版，第316頁。

　　黃敏蘭在《學術救國——知識分子歷史觀與中國政治》〔註23〕第七章「知識線進化的生命史觀」中分析了朱謙之早期和晚期對唯物史觀的不同態度，認為其「生命史觀」注重知識線的進化；分析了其歷史哲學、生命史觀的方法，揭示了朱謙之生命史觀的核心是知識階層推動歷史前進；另外，他還分析了朱謙之從生命史觀向社會史觀和文化史觀的思想發展。

（三）日本哲學史研究方面

　　劉夢義、陶德榮著的《中國當代哲學史稿（1949～1966）》〔註24〕有一節中主要按照朱謙之的《日本哲學史》一書的內容介紹了朱謙之的日本哲學史研究。任俊明、陶德榮著的《中國當代哲學史》〔註25〕也肯定朱謙之在日本哲學史研究上的貢獻。卞崇道的《現代日本哲學與文化》〔註26〕中對朱謙之的日本哲學史研究的特點進行了三點概括：以唯物主義觀點研究日本哲學史；以史料為基礎的實證特色；注重研究中日哲學的相互影響。張國義的《朱謙之的日本哲學史研究》〔註27〕一文從三個方面總結了朱謙之日本哲學史研究的成就和特點：一是中國研究日本哲學史的開山；二是日本哲學史研究的新視角：中國對日本的影響；三是重視史料的治史傾向。張國義的博士論文《朱謙之學術研究》論述了朱謙之日本哲學史研究的如下特點：一是以唯物史觀全面系統研究了日本哲學史，是國內第一部日本哲學通史性著作。他認為朱謙之特別注意唯物主義在日本的發展史，並從社會結構、階級關係的變動中來研究。二是朱謙之特別注意朱子學派中的思想特點和師承傳授及在思想形成中所受師友的影響，按師承學緣系統地梳理古學派。三是朱謙之是從日本哲學史研究的新視角——中國對日本的影響及中日比較進行的。四是朱謙之注重日本哲學史料的整理，搜尋原始史料。這些都一定程度上把握了朱謙之的研究特色，不過，我們還需要對朱謙之從中國哲學對日本影響的角度做細緻的分析，以瞭解朱謙之的具體學術貢獻。

〔註23〕黃敏蘭：《學術救國——知識分子歷史觀與中國政治》，河南人民出版社1995年版。

〔註24〕劉夢義、陶德榮：《中國當代哲學史稿（1949～1966）》，四川人民出版社1987年版。

〔註25〕任俊明、陶德榮：《中國當代哲學史》，社科文獻出版社1999年版。

〔註26〕卞崇道：《現代日本哲學與文化》，吉林人民出版社1996年版。

〔註27〕盛邦和、井上聰主編：《新亞洲文明與現代化》，學林出版社2003年版。

（四）綜合性的研究

黎紅雷在《朱謙之文集》〔註 28〕的「前言」中，詳細地介紹了朱謙之的生平著作，以及朱謙之在中山大學任教期間的重要學術成績，如歷史哲學、文化哲學、中國思想對歐洲文化的影響方面，富有啓發。董德福在《朱謙之哲學思想梳要》〔註 29〕一文中簡要梳理了朱謙之的虛無哲學、唯情哲學、文化哲學與歷史哲學等幾個方面，認爲朱謙之的哲學思想在現代哲學思想史上佔有重要的位置。另外，他在《朱謙之的「唯情哲學」》〔註 30〕中也以「唯情哲學」爲主線簡單介紹了他的無政府主義、唯情論的人生觀、文化哲學和歷史哲學。

袁偉時在《中國現代哲學史稿》（上卷）〔註 31〕中專門有一節介紹朱謙之的哲學思想。他把朱謙之作爲無政府主義的一個代表人物來研究。他從虛無主義、唯情哲學、虛無主義的進化學說、認識論（朱謙之的認識論是柏格森的直覺主義和宋明理學的混合物）、唯我史觀等方面進行了分析。作者認爲「朱謙之在這個時期的思想代表著體現在無政府主義者身上的極端片面性。他的許多基本觀點都不過是無政府主義者通常所持觀點的徹底化而已」〔註 32〕。這些見解無疑是恰當的。

張國義的博士論文《朱謙之學術研究》〔註 33〕以史學史的方法研究朱謙之，力圖以史家的筆法展現朱謙之的人生學術畫像，從虛無主義、唯情哲學、音樂文學、歷史哲學、文化史觀和文化建設論、中國哲學史、日本哲學史和中國景教等方面第一次對朱謙之的學術思想給予了全面系統的研究，對朱謙之思想中的哲學思想也有一定的論述，評價比較合理。但是，作者限於史學的範圍，對於朱謙之的哲學思想只是介紹性的梳理，很多方面都沒有深入地研究，正如作者所說：「因朱謙之是一位『百科全書家』，研究領域太廣，而以筆者學力對他在有些領域如音樂文學、宗教、中國古代哲學史等不敢妄加

〔註 28〕 朱謙之：《朱謙之文集》，黎紅雷編，中山大學出版社 2004 年版。

〔註 29〕 《鎮江師專學報》（社科版），2001 年第 3 期。

〔註 30〕 《生命哲學在中國》，廣東人民出版社 2001 年版，第 105～121 頁。

〔註 31〕 袁偉時：《中國現代哲學史稿》（上卷），中山大學出版社 1987 年版。

〔註 32〕 袁偉時：《中國現代哲學史稿》（上卷），中山大學出版社 1987 年版，第 466 頁。

〔註 33〕 張國義：《朱謙之學術研究》，華東師範大學 2004 年度博士學位論文。

評論，只是將其成果系統介紹出來。」〔註34〕可見，對朱謙之哲學思想的研究還有待於深入細緻地挖掘。張國義以博士論文爲基礎，出版了《一個虛無主義者的再生：五四奇人朱謙之評傳》〔註35〕。

羅檢秋在《朱謙之與道家》〔註36〕一文中主要探討了道家思想在朱謙之學術研究中的重要性，作者從當時代的背景著手，認爲朱謙之的思想適應五四新文化的潮流，在當時有積極的意義。作者指出：朱謙之學術上、思想上均與道家密不可分；肯定了《老子校釋》的學術價值；他的思想獨具特色，並非無政府主義所能概括；他的「無元哲學」和以絕對自由與平等爲核心的社會政治思想也受道家的影響。作者這些看法可以說把握了朱謙之的思想根源，不過，作者主要指出了道家對朱謙之學術、思想的影響，並沒有很詳細地介紹朱謙之在道家研究上的情況。

任吉悌的《批判朱謙之「十八世紀中國哲學對歐洲哲學的影響」》〔註37〕認爲朱謙之的「十八世紀中國哲學對歐洲哲學的影響」一文裏面「充滿了反馬克思主義觀點，史實的錯誤和邏輯的矛盾也是層出不窮，是一篇用資產階級血脈貫穿起來的學術論文。」〔註38〕「朱先生對於宋儒理學作爲十八世紀歐洲哲學的理論來源問題，除了給予我們一些武斷的結論和邏輯混亂外，別無其他。」〔註39〕這篇批判，現在看來，帶著強烈的政治意味，並沒有嚴格的學術根據。

從以上研究成果的介紹中可以看出，學術界對朱謙之的哲學史研究及其學術思想的研究主要是在他的唯情哲學、生命哲學、歷史哲學、文化哲學、史學理論、日本哲學史等方面，有些研究成果也在某一個方面把握了朱謙之的學術貢獻，但是還沒有人系統地對他的哲學思想與哲學史研究進行梳理，

〔註34〕 張國義：《朱謙之學術研究》，華東師範大學 2004 年度博士學位論文，第 14 頁。

〔註35〕 張國義：《一個虛無主義者的再生：五四奇人朱謙之評傳》，中國文聯出版社 2008 年 3 月版。

〔註36〕 羅檢秋：《朱謙之與道家》，陳鼓應主編：《道家文化研究》第二十輯，三聯書店 2003 年 9 月版。

〔註37〕 任吉悌：《批判朱謙之「十八世紀中國哲學對歐洲哲學的影響」》，《哲學研究》，1958 年第 7 期。

〔註38〕 任吉悌：《批判朱謙之「十八世紀中國哲學對歐洲哲學的影響」》，《哲學研究》，1958 年第 7 期，第 42 頁。

〔註39〕 任吉悌：《批判朱謙之「十八世紀中國哲學對歐洲哲學的影響」》，《哲學研究》，1958 年第 7 期，第 44 頁。

把握這些，無疑是把握他學術貢獻的重要方面。學術界對他的中國哲學思想
的創建、中國哲學史的研究、日本哲學史研究、中國哲學對歐洲的影響研究
還剛剛開始。對他的日本哲學史的研究也很薄弱，目前對他的哲學思想的整
體面貌的認識還是很模糊的。對這些方面做系統的梳理，放在學術史上來看
其研究的得失，是我們把握他的學術研究價值的重要方面。當前，對他在各
個領域的研究都有待於近一步加強。

感　謝

　　這篇博士論文的完成，要感謝我的導師武漢大學徐水生教授對我十年來讀碩士與博士期間的教誨、關懷與指導；也感謝武漢大學郭齊勇教授、李維武教授、田文軍教授、吳根友教授以及已逝的蕭漢明教授等老師對我的長期培養與指導；感謝湖北大學羅熾教授、浙江大學董平教授對我論文答辯的指導；感謝湖北大學給我提供的工作崗位與研究環境，使我能夠順利完成學業；感謝花木蘭文化出版社給我這篇論文提供出版的機會，感謝出版社的林慶彰、杜潔祥、楊嘉樂、許郁翎諸位先生對這篇論文的辛勤編輯；感謝學兄孫文禮的長期幫助，感謝我的妻子鐘燕的長期付出，給我提供了寫作的自由時間。